Jeanne Ruland & Sabrina Dengel

Tiki Waena
Der innere Seelengarten

Schirner Verlag

Liebe Leserin, lieber Leser, dieses Buch ist in der Du-Form geschrieben, weil es viele Übungen, Rituale und Meditationen enthält, die direkt die Seele ansprechen. Die Du-Form unterstützt auch das Bewusstsein, dass Autorinnen und Leser sich auf Augenhöhe begegnen können und es in der Tiefe unseres Wesens keine Trennung gibt.

Die Ratschläge in diesem Buch sind sorgfältig erwogen und geprüft. Sie bieten jedoch keinen Ersatz für kompetenten medizinischen Rat, sondern dienen der Begleitung und der Anregung der Selbstheilungskräfte. Alle Angaben in diesem Buch erfolgen daher ohne Gewährleistung oder Garantie seitens der Autorinnen oder des Verlages. Eine Haftung der Autorinnen bzw. des Verlages und seiner Beauftragten für Personen-, Sach- und Vermögensschäden ist daher ausgeschlossen.

ISBN 978-3-8434-1137-0

Jeanne Ruland & Sabrina Dengel:
Tiki Waena
Der innere Seelengarten
© 2014 Schirner Verlag, Darmstadt

Umschlag: Murat Karaçay, Schirner, unter Verwendung von #37389202 (Khoroshunova Olga), #130834988 (Creative Travel Projects), #159755432 (Sogno Lucido), www.shutterstock.com
Satz: Simone Leikauf, Schirner
Lektorat: Dirk Grosser
Redaktion: Kerstin Noack & Janina Vogel, Schirner
Printed by: ren medien, Filderstadt, Germany

www.schirner.com

1. Auflage September 2014

Alle Rechte der Verbreitung, auch durch Funk, Fernsehen und sonstige Kommunikationsmittel, fotomechanische oder vertonte Wiedergabe sowie des auszugsweisen Nachdrucks vorbehalten

Inhalt

Für wen ist dieses Büchlein
gedacht?........................ 5
Widmung 5

Teil 1

Zum Geleit 7
Vorwort 8
   ... von Jeanne Ruland............... 8
   ... von Sabrina Dengel............ 12
Begleitende Worte von
Jeanne................................. 14
   Regeln und Leitsätze 19
   Tiki Waena: Innerer Seelen-
   garten – Spiritort.................. 21
Begleitende Worte von
Sabrina............................... 28
Die Bereiche des
Andersreichs....................... 34
Die Untere Welt 37
Die Mittlere Welt 41
Die Obere Welt 45

Hilfreiche Informationen für
deine Reise 50
   Das Anlegen des inneren
   Gartens – des inneren Ortes,
   deines Seelengartens 50
   Vorbereitung 51
   Ankommen........................... 54
   Eingang 55
   Weg – Einstimmung und
   Öffnung 55
   Das Zentrum........................ 57
   Spirits 62
   Das Krafttier und weitere
   Tiergeister 63
   Der Geistführer /
   Die Geistführerin 70
   Der innere Heiler /
   Die innere Heilerin 72
   Pflanzen und Pflanzen-
   verbündete 74
   Naturwesen, Feen, Elfen,
   Zwerge, Drachen, Einhörner 78

Erkundung des inneren Gartens 82

Verschiedene uns bekannte Bereiche des inneren Ortes 84
    Die Elemente 84
    Ungeheuer, beängstigende Gestalten, Elementale 90
    Wege und Brücken 91
    Mauern und Grenzen 91
    Gebäude 92
Orte und Gegenden 93
    Ort der Reinigung 93
    Ort der Begegnung 95
    Ort der Heilung 98
    Ort der Vorbedeutung 100
    Hochebene der Visionen 102
Weitere hilfreiche Möglichkeiten 104
    Geschenke 104
    Das Visionsboard 105
    Der runde Tisch – Treffpunkt der Spirits 105
    Interaktion bestimmter Plätze 105
    Blindreisen 106

Teil 2

Innerer Garten: Praxisgrundlagen für deine Reisen 109
Vorbereitung für die schamanische Reise 110

Der Heilige Tempel der Kraft ... 114

Reisen in die Untere Welt 120
Reisen in die Obere Welt 122
Reisen in andere Bereiche 125
Innen und Außen verbinden ... 128

Verbindung mit einem Seelenbild 130

Wirken mit dem inneren Ort ... 134

Teil 3

Erfahrungsberichte aus dem inneren Garten 137

Anhang

Kurzanleitung 145
Über die Autorinnen 150
Bildnachweis 152

Für wen ist dieses Büchlein gedacht?

Genau für dich! Warum?
Weil dein innerer Garten dich ruft,
genau hier und jetzt!
Das ist der Grund, warum du dieses kleine
Zauberbüchlein jetzt in deinen Händen hältst.
Hörst du den Ruf, der aus deinem Garten erklingt?
Dann folge ihm – wir begleiten dich
auf deiner Reise zu dir selbst.

Widmung

Wir widmen die folgenden Seiten all jenen Wesen,
die sich auf die Reise in ihren Seelengarten machen,
um dort sich SELBST und damit unsere Welt in
eine blühende, fruchtbare, natürliche
und nährende Oase zu verwandeln.
Das Paradies wohnt in uns.
Wenn wir uns selbst nahe kommen,
uns selbst erwecken und die unbegrenzte Kraftquelle in uns finden und aktivieren,
so wird dies auch im Außen positive
Veränderungen nach sich ziehen.
Wenn wir uns selbst heilen, heilen wir die Welt!

Teil 1

Zum Geleit

Dieses Büchlein gibt einen Einblick in die unbegrenzten Möglichkeiten des inneren Raumes. Es ist zum Teil in Gesprächsform aufgebaut, da wir zwar in verschiedenen Traditionen gelernt haben, doch trotz der unterschiedlichen Einweihungen und Ausbildungen immer auch Gemeinsamkeiten in unserer Arbeit feststellen konnten, die wir so herausstellen möchten. Wir hoffen, dass unser Dialog dazu beiträgt, ein größeres Gesamtbild sichtbar werden zu lassen.

Beobachte einfach, was mit dir in Resonanz geht, den Rest lasse geschehen. Um das Gelesene direkt in die Praxis umzusetzen, findest du in jedem Kapitel kleine Meditationen, die dich einladen, deinen eigenen Seelengarten zu erforschen. Es kann passieren, dass sich die Bilder in diesen Meditationen von denen, die du auf der Schamanischen Reise siehst, unterscheiden. Alle Bilder sind Spiegel deiner Seele, die dir Wege aufzeigen, wie du dich an deinem inneren Ort entfalten kannst. Wenn es noch etwas aufzuräumen, umzugestalten, zu wandeln gibt – nur zu! Wir werden getragen von geistigen Kräften. Was wir in unserem Inneren heilen, heilen wir auch in unserer Welt. Wir wünschen dir viel Freude beim Entdecken deines inneren heiligen Raumes.

Vorwort

... von Jeanne Ruland

*Komm zur Ruhe.
Richte deinen Blick nach innen.
Du wirst finden, was du suchst.
Denn alles ist bereits in dir.*

Die Entdeckung meines inneren Raumes war für mich revolutionär. Es war der wichtigste Schritt in meinem Leben, denn er führte mich zu mir selbst und zu meiner eigenen Anbindung an das große Ganze. Zum Glück ist dies schon recht früh in meinem Leben geschehen. Dieser innere Ort hilft mir immer und immer wieder, zu mir zu kommen und Dinge, die in meinem Leben geschehen, im Inneren zu reflektieren. Diese Reflexion hilft mir, mich zu wandeln, zu wachsen, zu erblühen, zu erkennen, mich immer wieder auszurichten, zu lösen und letztendlich den unbegrenzten Raum, in dem alles möglich ist, zu betreten, um aus mir heraus meine Handlungen zu lenken und mein Leben so zu gestalten, wie ich es mir wünsche.

Ich bin viel alleine und in alle möglichen Länder gereist, und es war stets meine innere Stimme, der Kontakt mit dem Ort in meinem Inneren, der mich auf manchmal urkomische und unkonventionelle Weise durch die schwierigsten und seltsamsten Situationen geführt hat.

Einmal war ich beispielsweise gerade in Neu-Delhi, Indien, gelandet, in einer für mich völlig fremden Welt. Ich war noch recht

jung, gerade einmal 18 Jahre alt. Ich checkte in einem Hotel ein und wollte mich nach dem langen Flug etwas bewegen und mir die Gegend anschauen. So ließ ich mich durch die Stadt mit ihren fremden Gerüchen und dem wilden, farbenfrohen Geschehen treiben. Ich fühlte mich wie in einem Traum. Ich landete irgendwann mit einem Chai in der Hand in einem Park. Als ich dort saß und langsam zur Ruhe kam, bemerkte ich, dass ich mir nicht aufgeschrieben hatte, wo sich mein Hotel befand und wie es hieß. So sehr ich mich auch bemühte, es wollte mir einfach nicht einfallen. So saß ich in einer wildfremden Stadt, mutterseelenallein in einem Park, erschöpft vom Jetlag und wusste nicht, wo ich mein Gepäck gelassen hatte. Leichte Panik stieg in mir hoch. Ich nahm ein paar tiefe Atemzüge und fokussierte mich auf meinen inneren Ort. Ich bat meine geistige Führung zu erscheinen. Als ich ihre Anwesenheit bemerkte, beruhigte ich mich augenblicklich. In ihrer Gegenwart fühlte ich mich immer wohl, geborgen, ruhig und aufgehoben.

Ich schilderte ihr die Situation, in die ich mich selbst gebracht hatte. Sie lachte, und die tausend Falten in ihrem ewig jung wirkenden Gesicht lachten mit. Ein warmes, augenzwinkerndes Lachen. Sie schaute mich aus ihren wachen und warm strahlenden Augen an und sagte: »Ich schicke dir einen Schmetterling, folge ihm!« Ich öffnete meine Augen und bemerkte plötzlich, dass mehrere Schmetterlinge um mich herum tanzten. Einer davon flog in eine bestimmte Richtung. Ich folgte dieser Richtung und kam nach einiger Zeit wieder zu dem Hotel, in dem ich eingecheckt hatte. Innerlich hörte ich meine geistige Führung fragen: »Und was hast du gelernt?« Ich dachte bei mir, dass ich von nun an immer eine Karte von dem Hotel, in dem ich einchecke, mitnehmen würde. Ich hörte ihr schallendes Lachen.

Es gibt immer einen Weg, auch wenn dieser Weg ganz anders aussieht, als wir uns das vorzustellen vermögen. Mit solchen Geschichten könnte ich dieses ganze Büchlein füllen, und einige werde ich auch mit einfließen lassen, um die Wirkungsweise des inneren Ortes lebendig erfahrbar zu machen.

> Ich habe schon oft erlebt, dass Innen und Außen zusammenfließen und eine ganzheitliche erfahrbare Wirklichkeit ergeben. Das ist das Wunder des Lebens.
> Wir erleben, was wir denken und fühlen.
> Wir träumen alles, bevor es geschieht.
> Die Welt basiert auf ganz anderen geistigen Gesetzmäßigkeiten, als es uns beigebracht wurde.

Ich finde den Eintritt in unser Inneres so immens wichtig, dass ich dem inneren Ort ein eigenes Buch widmen wollte. Dieser »innere Ort« ist in jeder spirituellen Richtung bekannt. In Hawaii wird er »Tiki Waena« oder »Ort es Spirits«, in anderen Traditionen »Seelengarten« genannt.

Sabrina und ich wandern schon lange gemeinsam auf dem schamanischen Weg. Ich schätze ihre Arbeit und habe ihre Wandlung sowie ihr Wirken in der Welt mit Staunen erlebt und auf meine Weise begleitet – so, wie sie umgekehrt bei mir war. Sabrina und ich können ein und dieselbe Sache aus ganz verschiedenen Sichtweisen, Traditionen und Erfahrungen beleuchten. Gerade diese Vielfalt und diese verschiedenen Blickwinkel machen das Leben reich und geben uns Wahlmöglichkeiten. Wir können wählen, weil es eine Vielfalt gibt, deswegen sollten wir sie bewahren, denn so lernen wir über uns, voneinander und miteinander. Da, wo Reibung entsteht, entwickelt sich Bewusstsein.

Das Wichtigste ist, dass wir lernen, zu uns selbst zu stehen, ganz wir selbst zu sein und aus der Kraftquelle im Inneren zu schöpfen, wie immer wir diese nennen und aus welcher Tradition wir auch kommen mögen. Diese Kraftquelle wohnt direkt in unserem Inneren und ist immer genau dort, wo wir sind. Wir können uns in jeder Lebenslage nach innen wenden, denn eben dort werden uns geniale Lösungen und Wege offenbart, die zwar mit der Alltagsrealität erst einmal nichts zu tun zu haben scheinen und die für Außenstehende seltsam wirken können, die uns aber erheben, heilen, harmonisieren und tiefer in das Mysterium des Lebens tragen können.

Ich freue mich, dass Sabrina und ich nun endlich die Idee für dieses gemeinsame Buch, die schon vor Jahren entstanden ist, in die Tat umsetzen. Eine erfahrbare Dimension des Seins wartet darauf, von uns entdeckt zu werden.

Alles ist Bewusstsein.
Alles ist möglich.
Alles ist Energie, die der Aufmerksamkeit folgt.
Alles geschieht in der Gegenwart.
Alles ist Liebe.
Alle Kraft kommt von innen, aus dem geistigen Raum.
Es gibt viele Möglichkeiten und kreative Wege.
Wir sind Schöpfer und Erschaffer von
unzähligen Wirklichkeiten.

Vertraue auf dich!
Segne die Gegenwart!
Erwarte das Allerbeste!

E pili mau na pomaika`i me`oe.
Mögest du immer Glück haben.
Mögen alle Wesen glücklich sein.

... von Sabrina Dengel

Bei der Arbeit mit meiner langjährigen Herzensfreundin Jeanne an diesem Buch habe ich vieles dazugelernt. Jeanne arbeitet unter anderem in der Tradition der Kahunas aus Hawaii. Dieses Gebiet war für mich absolutes Neuland, führte mich mein Weg bisher eher in die Richtung der nordisch-europäischen Tradition und der der nordamerikanischen Ureinwohner. Wieder einmal durfte ich jedoch die Erfahrung machen, dass alle diese Traditionen ineinandergreifen.

Ich habe für mich persönlich erkannt, dass der Seelengarten, wie ich ihn bisher wahrgenommen habe, dem inneren Garten der Kahunas entspricht. Der einzige Unterschied ist, dass ich eine »klassische« schamanische Reise in den Seelengarten unternehme, während Jeanne in ihrer Tradition aus der eigenen Mitte heraus arbeitet. Diese Mitte liegt vier Fingerbreit unter dem Bauchnabel, dort, wo die Seele wohnt, dort, wo der Seelengarten, der innere Garten, zu finden ist.

Fasziniert hat mich bei dieser Art der Betrachtung die Möglichkeit, diesen inneren Garten als Startplatz für die schamanischen Reisen zu nutzen.

Alles, was ich von diesen Reisen nun an Erfahrungen oder Geschenken mitbringe, kann ich direkt in diesem inneren Garten verankern. Dadurch verändert sich dieser Garten stetig, und ich kann meine eigene Entwicklung und Veränderung beobachten. Denselben Effekt erlebte ich sonst zwar auch bei meinen Reisen in den Seelengarten – doch der Zugang zum inneren Garten über die eigene Mitte ist viel direkter.

Die Reisen in diesen Garten ermöglichen es, alte Muster und Gewohnheiten aufzuspüren, zu reflektieren und in der Folge aufzu-

lösen. Ebenso bietet der Seelengarten einen tiefen Einblick in die Schöpfung und die eigene Schöpferkraft und somit die Möglichkeit, das eigene Leben selbst zu erschaffen und die eigenen Visionen zu leben.

In der schamanischen Arbeit, so, wie ich sie weitergebe, sind der Seelengarten und dessen Pflege wesentliche Bestandteile des eigenen Heilungsweges. Wandlung, Erneuerung, die Erfahrung tiefer Verbundenheit mit dem Leben, Erholung und das Auftanken von Energie sind nur einige Beispiele dafür, was im Seelengarten alles möglich ist.

Ausgehend von dem Wissen, dass alles mit allem verbunden ist, wird schnell klar, wie sich Veränderungen in meinem Seelengarten auf mein alltägliches Leben auswirken können.

Alle Welten – innerliche wie äußerliche – sind direkt miteinander verbunden, was uns zu Schöpfern unserer Welt macht.

Begleitende Worte von Jeanne

Wer sind wir?
Überall auf der Welt haben die Weisen eine
einfach Antwort darauf: Wir sind geistige
Wesen, die für eine gewisse Zeit eine menschliche
Erfahrung machen, nicht Menschen,
die ab und zu eine geistige Erfahrung machen.
Als geistige Wesen haben wir Zugang zu allen
Ebenen und Dimensionen des Geistes,
die in unserem liebenden Herzen beginnen.

In den alten Huna-Traditionen gibt es die Lehre der Elemente. Feuer, Wasser, Erde, Luft, Steine, Pflanzen, Tiere, Menschen. Das Menschsein gehört zu den Elementen. Menschsein wird hier als die Fähigkeit verstanden, Dinge erschaffen, erbauen, gestalten und umgestalten zu können. Wir sind Gestalter und Schöpfer und können mit unseren natürlichen Fähigkeiten alles in der Natur und in unserer Wirklichkeit wandeln und gestalten.

Zu unseren natürlichen Fähigkeiten gehören:

Klang	Worte, Aussagen, Gesänge, Klänge, Affirmationen
Vorstellungen	Bilder, Erinnerungen, Fantasien, Träume, Visionen, Visualisierungen
Gefühle	Emotionen, Körperempfindungen, Sinneswahrnehmungen

Bewegung   Körperbewegungen, Gesten, Gang, Körperhaltung, Tanz

Das sind unsere Werkzeuge, die wir stets anwenden, um jeden einzelnen Tag zu gestalten und ihm eine Form, einen energetischen Abdruck zu geben.

> Wir können nicht nicht schöpfen, denn wir schöpfen mit jedem Wort, mit jeder Geste und mit jeder Handlung, die wir in dieser Welt vollbringen.
> Alles, was wir tun, klingt und hallt weit in den geistigen Raum hinein und hat Auswirkungen auf alles, womit wir sichtbar und unsichtbar verbunden sind.

Um dies zu verinnerlichen, sprich und fühle ein wohlwollendes Wort (z. B. Liebe, Segen oder Heilung). Schließe deine Augen, und beobachte die Energie, die sich mit dem Wort bildet. Farbe, Schwingung, Klang, Form ... Nun sprich ein negatives Wort (Angst, Zorn, Wut, Hass etc.). Schließe erneut deine Augen, und beobachte ebenfalls die Energie, die sich mit dem Wort bildet. Farbe, Schwingung, Klang, Form ...

Der energetische Gehalt des Wortes wirkt und beeinflusst die Energie deines Nächsten, ob dies nun deine Absicht ist oder nicht. Wir sind Schöpfer unserer real erfahrbaren Realität. Sie bildet sich aus unseren bewussten und unbewussten Handlungen, Gedanken, Glaubenssätzen und Grundüberzeugungen und auch aus all den Prägungen unserer Kindheit. Wir haben viel davon in unser System übernommen, was aber nicht bedeutet, dass wir diesen Dingen hilflos ausgeliefert sind. Wir können unsere Realität verändern, wenn wir uns unserem Selbst zuwenden. Ein wichtiger Schlüssel, um dies tun zu können, liegt in dem Zugang zum inneren Seelenort.

Im Huna gibt es 7 Prinzipien:

IKE	Bewusstsein. Die Welt ist, wie du denkst, dass sie ist. Deine Gedanken und Glaubenssätze formen deine Wirklichkeit.
KALA	Freiheit. Es gibt keine Grenzen.
MAKIA	Fokus. Energie folgt der Aufmerksamkeit, und Aufmerksamkeit folgt der Energie.
MANAWA	Gegenwärtigkeit. Jetzt ist der Augenblick der Macht.
ALOHA	Liebe. Liebe ist.
MANA	Kraft/Autorität. Alle Kraft kommt von innen.
PONO	Flexibilität. Was wirkt, ist richtig. Wer heilt, hat recht. Wenn ein Weg nicht funktioniert, wähle einen anderen.

Wir haben verschiedene Sinne und Wahrnehmungskanäle, innerlich wie äußerlich. Diese können wir öffnen, um Erfahrungen zu machen und auf diese Weise Erkenntnis zu erlangen und die Entwicklung unseres Bewusstseins zu fördern.

Sinne, die wir haben:
Sehen, Riechen, Hören, Schmecken, Tasten, Fühlen, Temperaturwahrnehmung, Gleichgewichtssinn, Bewegungssinn. Je mehr Sinne wir ansprechen, desto umfassender und klarer wird unsere Wahrnehmung.

Unsere möglichen Wahrnehmungskanäle:
Hier eine kleine Auswahl von Kanälen, durch die wir mit der Geistigen Welt in Kontakt treten können:

Telepathie	Man empfängt telepathisch Botschaften aus dem geistigen Reich. Der Engel spricht auf telepathische Weise mit uns.
Empathie	Man fühlt mit anderen. Man kann sich augenblicklich in die Lage des anderen hineinversetzen und ihn ebenso in eine andere Schwingung führen.
Klarwissen	Gedanken und Impulse kommen ganz plötzlich hell und klar in den Kopf. Erkenntnis taucht urplötzlich auf. Achte besonders auf wiederkehrende Gedanken und Impulse.
Klarfühlen	Man fühlt die Botschaft des geistigen Reiches. Wiederkehrende Signale (wie z. B. Gänsehaut, Wärmeschauer, Kribbeln des Körpers) sind Zeichen, dass die Botschaft richtig ist.
Hellhören	Man hört deutlich die Botschaft der Geistigen Welt mit dem inneren Ohr. Die Botschaften wiederholen sich, sind liebevoll und direkt. Die Stimme ist klar und liebevoll.
Hellsehen	Man sieht Bilder und empfängt Bilder aus der Geistigen Welt vor dem inneren Auge. Bilder von Engeln und mystischen Naturwelten erscheinen einfach.
Traumkanal	Man empfängt Botschaften aus der Geistigen Welt durch Träume. Man wird während des Schlafs in den Lichttempeln der Engel und Meister geschult. Man weiß es plötzlich am anderen Morgen.
Hellriechen	Man nimmt durch den Geruchssinn die Geistige Welt wahr.

Weitere Kanäle sind *Astrokanal*, *Zahlenkanal*, *Logikkanal* u. a. Wähle den Kanal, zu dem dir der Zugang leichtfällt und der immer offen ist.

Der Atem der Schöpfung:

Der Atem der Schöpfung (*ALOHA*) atmet dich und atmet mich. Wir alle werden von derselben Energie durchströmt und getragen, die auch schon unsere Ahnen und alle Menschen, die vor uns lebten, durchströmt hat. Wir sind verbunden, wir sind eins. Der Atem trägt dich von deiner ersten bis zu deiner letzten Minute. Wenn du nicht deinen ersten Atemzug getan hättest, hätte dich keine Macht der Welt in dieses Leben bringen können.

Es war eine größere Macht, die wollte, dass du hier bist. Diese Macht ist es, die dich ununterbrochen leitet, damit du deinen Weg in dieser Welt gehen kannst. Der innere Raum steht dir jederzeit offen. Auch kannst du dich über die Atmung und gezielte Bewegungen aufladen und ausrichten. Jederzeit und überall.

Der Wind trägt dir alle Botschaften zu, die du für den heutigen Tag brauchst. Es ist wichtig, dass dir Folgendes bewusst wird: Jeden Morgen wird uns ein neuer Tag geschenkt. 60 000 neue Gedanken stehen zur Verfügung, um unsere Welt umfassend zu verändern. Das Fatale ist, dass wir 75 % der Gedankenkraft dazu verwenden, alte Gedanken und Muster wiederzukäuen. Beobachte am Tag deine Gedanken, und schreibe sie dir auf, führe ein Tagebuch, du wirst staunen, wie oft du an Altes denkst und wie wenig Kapazität du mit dem, was du wirklich willst, nutzt. Wir sind verantwortlich für uns und unsere Lebensenergie.

Wenn wir Verantwortung für uns selbst und für jedes Geschehen in unserem Leben übernehmen und uns dem inneren Raum öffnen, können wir unsere Lebensumstände verwandeln und unser Leben neu gestalten.

Wichtig ist, dass wir uns mit Energie (MANA) über die Atmung aufladen. Je mehr Energie wir aufbauen, desto eher können wir alte mentale Muster und Programme überwinden und das werden, was wir wirklich sein können und wollen.

Übernimm zu 100 % Verantwortung für dein Leben, denn nur wenn du dein Leben in die Hand nimmst, kannst du anfangen, es zu wandeln, es zu gestalten und ganz neue Erfahrungen zu machen. Es gibt viele Wege. Der innere Raum, der Kontakt mit der eigenen Kraft, ist der Schlüssel zum eigenen Glück. Alles liegt im Innen.

Regeln und Leitsätze
(die sich für dich als wertvoll erweisen können)

- Die erste und einzige Regel in Hawaii ist: Never hurt – always help; Verletze nie – hilf immer.
- Sprich immer die Wahrheit, dann musst du dir weniger merken.
- Da wir in erster Linie geistige Wesen sind, die für eine gewisse Zeit eine menschliche Erfahrung machen, haben wir alle Zugang zu den geistigen Welten.
- Kümmere dich um dich selbst, liebe dich selbst, du gehörst dazu und hast deinen Platz hier auf dieser Ebene.
- Wenn du bei Techniken, die in die innere Welt führen, nichts siehst oder fühlst, dann schaue und fühle in dein Herz. Schaue, ob dein Herz verschlossen oder offen ist. Öffne dein Herz für die Liebe zu allem Leben. Wenn dein Herz offen ist, kannst du in alles hineinschauen.
- »Gibt's nicht«, gibt es nicht. Alles ist möglich. Wir haben die Wahl am Büfett der unendlichen Möglichkeiten.
- Im Geistigen zeigt sich das, was ist. Wann immer du Zweifel hast, sprich: »Zeige mir dein wahres Gesicht!«, und es muss sich zeigen.
- Verhalte dich anderen gegenüber so, wie du selbst in bestimmten Situationen behandelt werden möchtest.
- Kein Regen, kein Regenbogen.
- Übernimm zu 100 % Verantwortung für dich selbst.
- Vertraue auf dich selbst.

- Konzentriere dich auf das, was du dir wünschst und auf den vollkommenen Ausgang. Bleibe nicht gedanklich bei Dingen, die du nicht magst, nicht leiden kannst oder nicht willst.
- Du kannst in der Geistigen Welt immer um ein Zeichen in dieser Realität bitten. Das Zeichen wird in den nächsten Tagen auftauchen, deutlich und klar.
- Was wirkt, ist richtig. Wer heilt, hat recht, und wenn ein Weg nicht funktioniert, probiere einen anderen Weg. Sei kreativ und flexibel.
- Mana, alle Kraft, kommt von innen. Du entscheidest, wohin du dein Mana (deine Energie) lenkst und wem oder was du Energie gibst oder entziehst.
- Wenn dir etwas im Leben begegnet, was dir ein Rätsel ist, so frage dich: Woher kenne ich das? Wenn ich Schöpfer meiner Lebensumstände bin, warum habe ich mir diese Situation erschaffen? Was ist die Lektion, was kann ich aus dieser Situation lernen?
- Gib nicht auf, sondern sei ausdauernd! Geduld zu haben bedeutet, der Schöpfung zu vertrauen.
- Wenn du es eilig hast, dann nimm einen Umweg. Liebe hat alle Zeit der Welt. Nur der Teufel hat es eilig.
- Wechsele die Perspektive. Schaue aus der Perspektive der Ewigkeit auf dein Leben.
- Wenn ein Same gesät ist, wird er wachsen. Alles braucht seine Zeit.
- Auch die längste Reise beginnt mit einem ersten Schritt. Schritt für Schritt offenbart sich der Weg. Kein Mensch dieser Welt kann deinen Weg gehen und deine Schritte für dich machen.
- Alles auf dieser Welt ist einzigartig.
- Du bist einzigartig, es gibt dich kein zweites Mal auf dieser Welt.
- Erkenne den Segen.
- Shakar – Bleibe locker. Dann kann der Strom des Universums am besten durch dich fließen.

Tiki Waena:
Innerer Seelengarten – Spiritort

Der Tiki Waena bezeichnet einen sicheren Ort im Inneren, den wir über die schamanische Reise, über Meditation, den Raum der Stille oder mit einem kurzen Perspektivenwechsel von außen nach innen aufsuchen können. Am besten ist es, eine bestimmte und klare Absicht zu haben. Der »Seelengarten« liegt in Kahiki (in der Mittleren Welt) der inneren Welt.

TIKI bezeichnet eine – üblicherweise aus Holz – geschnitzte Figur, die vielen Besuchern in Hawaii bekannt ist. Tiki bedeutet Spirit. Es gibt viele verschiedene Tikis für unterschiedliche Zwecke: Die einen unterrichten, führen und schenken den Menschen so manche Lektion, andere hüten die spirituelle Kraft bestimmter Orte und Plätze. Tiki bietet dir eine Möglichkeit, dein Denken nach einem bestimmten Muster zu organisieren, das dir neue Einsichten über dein gegenwärtiges Erleben liefern und als Werkzeug für Wandel und Wachstum dienen kann.

WAENA hat mehrere Bedeutungen. Es bedeutet »der Garten«, »das Paradies«, ist aber auch das Wort für »die Mitte« und »die Kraft« in uns. Dieser innere Ort muss nicht zwangsläufig ein Garten sein. Es ist ein Ort, an dem du dich zu Hause, geborgen und wohlfühlst. Es kann sein, dass du in deinem Inneren eine Insel hast oder dass dein innerer Ort in der Tiefe des Meeres in einem Riff liegt, an einer geheimen Stätte im Inneren des Meeres oder auch auf einem anderen Planeten. Deine Seele kennt ihr Zuhause. Es kann eine Meeres- oder eine Berglandschaft sein, eine Wüste oder eine Einsiedelei.

»Tiki Waena« ist ein geistiger Ort, der Bedeutung für dich hat und zu dem du jederzeit Zuflucht nehmen kannst.

Eine Beschreibung des inneren Raumes findet sich in jeder Religion und in jeder spirituellen Tradition. In anderen Traditionen wird dieser Ort u. a. als »Stilles Kämmerlein«, »Perle der Weisheit«, »Kammer des Herzens«, »Tempel im Inneren«, »Geheimkammer«, »Privater Meditationsraum« und vieles mehr beschrieben.
Es ist unser Geburtsrecht, mit dem göttlichen geistigen Wesen in uns in Kontakt zu treten und uns von innen heraus führen zu lassen.

Zu dir zu kommen, bedeutet auch gleichzeitig, in deine Mitte zu gehen, dich auszurichten, wieder bei dir anzukommen. Dies drückt das Wort »Waena« aus.
Wann immer wir uns diesem inneren Ort zuwenden, sind wir zentrierter, mehr in unserer Kraft, wieder bei uns. Wir stärken unsere geistige Verbundenheit. Wir richten uns wieder aus.

Dieser ›Garten‹ liegt in Kahiki (in der Mittleren Welt) und ist das Zentrum, der zentrale Ort in dir.

Dein »Seelengarten« ist in erster Linie ein sehr persönlicher Ort, den du mithilfe deiner Vorstellungskraft auf verschiedene Weisen erschaffen kannst. Diese sind geprägt von Erinnerungen, Wünschen, Vorstellungen und Mustern. Du kannst diesen Ort immer und jederzeit aufsuchen, da er in dir liegt. Du kannst ihn aus den unterschiedlichsten Motiven aufsuchen. Vielleicht, um Antworten zu finden, um in Stille mit dir zu sein, Erkenntnisse und Bewusstsein zu erlangen, Heilung zu erleben, Selbsterfahrungen zu machen, Ängste zu überwinden, Neues in die Welt zu bringen,

Abenteuer zu erleben, Altes zu wandeln, dich und dein Verhalten zu reflektieren und dich neu auszurichten.

Du kannst diesen Ort jederzeit mit deinem »Geistkörper« (auch »Traumkörper« oder »zweites Gesicht« genannt) aufsuchen. Bevor du in die innere Welt eintauchst, beginnst du damit, dir deines »Geistkörpers« bewusst zu werden.

Stelle dir vor, dass du zusätzlich zu deinem physischen einen weiteren Körper hast. Feinstofflich, hell, beweglich und veränderlich, mit dem du deinen stofflichen Körper verlassen kannst, wenn du es wünschst.

Jede Nacht, wenn du ins Traumreich gehst, reist du sowieso mithilfe deines »zweiten Gesichts«. Wenn du dich jedoch absichtlich und bewusst auf diesen Traumkörper konzentrierst, wird er leuchtender, stärker und kraftvoller. Je mehr Sinneswahrnehmungen du dich auf deiner »Traumreise« öffnest, desto deutlicher wird die feinstoffliche Welt für dich werden.

Eine Übung, den Traumkörper kennenzulernen:

Nimm dir Zeit und Raum. Schließe deine Augen.

Fühle deine geistige Natur, dein zweites Gesicht, deinen feinstofflichen Traumkörper.

Nimm ihn wahr. Seine Beschaffenheit, seine Kraft, sein Muster, seine Energie, seine Farben.

Bewege ihn aus deinem stofflichen Körper hinaus und wieder in ihn herein.

Bewege dich mit ihm in ein anderes Zimmer, entweder über die üblichen Zugänge, die du auch mit deinem physischen Körper benutzt, oder durch die Wand.

Öffne deine Sinne ganz bewusst. Rieche, schmecke, fühle, spüre die Energiebewegungen, schaue dich um, höre, nimm wahr, und beobachte den Raum aus verschiedenen Perspektiven.

Sammele so viele Eindrücke wie möglich, nimm Details wahr. Kehre zurück, und notiere dir, was du wahrgenommen hast.

Gehe dann, wenn du in deinen stofflichen Körper zurückgekehrt bist, in den anderen Raum, und schaue ihn dir auf dieser physischen Ebene an. Du wirst ihn mit anderen Augen sehen.

Anmerkung: Mit dem Traumkörper nehmen wir Energie wahr – Energie, die gerade jetzt ausgestrahlt wird, und auch alle Energie, die noch in einem Raum gespeichert ist. Jeder von uns nimmt Energie anders wahr. Der eine sieht Muster, der andere hört Klänge, wieder ein anderer nimmt Farben und Formen wahr, der Nächste fühlt die Bahnen der Energie.
Lerne deine eigenen Fähigkeiten kennen!

Beurteile und bewerte nicht. Und bevor du die Energie eines anderen Menschen bewertest, denke daran, dass du immer durch deinen Energiekörper in den Energiekörper des anderen Menschen schaust.

Ist deine »innere Brille« nicht geputzt, projizierst du deine Flecken in das andere Feld. Hier heißt es: Üben, üben, üben! Mit der Zeit wirst du dich gut kennenlernen und sicherer werden.

Eine weitere Übung mit dem Traumkörper:

Nimm dir Zeit, und gönne dir Ruhe.

Stelle dir nun vor, dass du einen Gang betrittst, der dich zu einem anderen Ort führt. Über ihn gelangst du in deinen »inneren Garten«. Sammele so viele Sinneseindrücke wie möglich.

Wie ist die Energie an diesem Ort? Ist es heiß oder kühl? Welche Jahreszeit herrscht gerade? Ist es hell oder dunkel, oder dämmert es gerade?

Steigere deine Wahrnehmung jetzt noch weiter. Höre dich um. Vielleicht hörst du Vogelgezwitscher, Wolfsgeheul, das Plätschern von Regentropfen oder Blätterrascheln ...

Nun betrachtest du in deiner Vorstellung eine Sache im Detail. Einen Baum, eine Blüte oder etwas anderes. Beobachte und betrachte ganz genau. Als Nächstes berührst du einen Gegenstand. Vielleicht eine Frucht oder Blütenblätter. Rieche daran, nimm den Geruch wahr.

Nun schaust du dich nach Wegen, Gebäuden, Pflanzen etc. um.

Du bedankst dich für die ersten Eindrücke und kommst aus der inneren Welt wieder zurück.

Nimm dir Zeit, und zeichne oder male einen Plan, eine Landkarte, von deinem inneren Ort. Du kannst darauf Plätze anlegen und Wege und Orte benennen. Habe einfach Spaß dabei. Sei währenddessen aufmerksam und gib dir Raum für Wachstum, Veränderungen und neue Wege.

In deinem Seelengarten gibt es Verbündete, Helfer, geistige Wesen, mit denen du verbunden bist und die unter deiner Anleitung wirken, dich unterstützen und auch dich wiederum anleiten können. Es könnte z. B. ein Gärtner in Form eines Engels, eines Zwergs, einer Elfe, einer Fee oder eines anderen Wesens dort vertreten sein, der dir mit Rat und Tat sowie entsprechendem Werkzeug zur Seite steht.
Du kannst verschiedene Bereiche vorfinden, Wasserfälle, Seen, das Meer, Höhlen, Berge, einfach das, wozu du einen natürlichen Bezug hast. In deinem Seelengarten gibt es Tiere, Pflanzen, Wälder, Wege, Hütten, Häuser, Burgen, Kristallgrotten, Tempel und viele andere Dinge. Da dein Seelengarten deiner Schöpfung entspringt, spiegeln sich hier alle bewussten und unbewussten Teile deines Wesens wieder. Eine Veränderung in deinem Seelengarten zieht eine Veränderung deines inneren Erlebens nach sich und wirkt sich auch auf jene Erfahrung aus, die du in deiner Alltagswelt machst. Du kannst diesen inneren Raum nutzen, um auf inneren Ebenen mit Menschen, anderen Wesen und Verstorbenen in Kontakt zu treten, mit denen du in der äußeren Welt vielleicht nicht mehr kommunizieren kannst. Hier kannst du für dich deine Angelegenheiten klären, vergeben und Vergebung erfahren und verstehen, um Frieden mit dir zu schließen.
Du kannst von diesem Ort aus andere Bereiche erkunden, um zu lernen, dein Bewusstsein zu weiten und Erfahrungen zu sammeln, neue Techniken und Fertigkeiten auszuprobieren, zu üben und anzuwenden.

Das Wichtigste ist, deinen Seelengarten kennenzulernen, da du viel über dich erfahren kannst. Suche ihn sooft wie möglich auf, und mache ihn dadurch zu einem Ort der Kraft, des Segens, der Stabilität und Stärke, an dem du dich wohlfühlst. Stärke dein Vertrauen in dich selbst.

Der innere Garten kann dabei ganz unterschiedlich entstehen. Du kannst ihn auf einem Blatt Papier konzipieren, ihn in der Meditation aufsuchen und gestalten, oder einfach mithilfe deiner Vorstellungskraft erfinden. Man kann die Techniken auch kombinieren. Deine Kreativität, Fantasie und Gestaltungskraft sind hier gefragt. Denke an deinen inneren Ort, und beginne, die Energie wahrzunehmen und diesen Ort zu gestalten.

Beispiele, die dir zeigen, wie du in den inneren Garten gelangst und ihn aufbaust, wirst du in den nachfolgenden Kapiteln finden. Habe viel Freude bei der Selbstentdeckung und Selbstentfaltung!

Begleitende Worte von Sabrina

Auf meinem Lebensweg begleiteten und begleiten mich Menschen aus unterschiedlichsten Kulturkreisen. Ich begegnete Lehrern aus Südamerika, Nordamerika, Nepal, der Mongolei und aus verschiedenen Ländern Europas.
Doch so verschieden ihre Ursprünge auch sind, so haben sie mir alle eines vermittelt: Die gesamte Schöpfung ist miteinander verwoben. Wir sind Teil dieser Schöpfung, ebenso wie sie Teil von uns ist. Was jedoch viele Menschen vergessen haben, ist, dass es zwischen allem, was ist, eine Verbindung gibt. Dass wir uns alle gegenseitig »bedingen«, und dass ein Teil nicht ohne den anderen existieren kann.

Wir Menschen sind sinnliche Wesen – unsere Heimat ist ein sinnlicher Planet. Mit all ihrer Vielfalt und Schönheit fordert die Erde uns geradezu auf, unsere Sinne zu entfalten, ihre Geschenke mit allen Sinnen zu erfassen. Riechen, Schmecken, Fühlen, Hören, Sehen, Wissen, Tun. All diese Seinsbereiche sind miteinander verwoben. Gemeinsam vermitteln sie uns unser Bild von dieser Welt. All diese Sinne »benutzen« wir jeden Tag. Aber tun wir das bewusst?

Inwieweit nutzen und leben wir unsere Sinne tatsächlich?

Riechen – Was können wir heute noch riechen?
Können wir unsere Freunde wirklich alle gut riechen?
Mögen wir unseren eigenen Körpergeruch oder »verstecken« wir ihn mit künstlichen Duftstoffen?

Wusstest du, dass die Antibabypille den Geruchssinn der Frau beeinträchtigt? Sie kann den richtigen Partner nur schwer »erschnuppern« – und so kaum eine natürliche Partnerwahl treffen.
Erkennen wir ein Gewürz an seinem Duft?
Welche Erinnerungen weckt ein bekannter Geruch, der plötzlich in unsere Nase steigt? Das Parfüm von Oma oder der Duft von Apfelkuchen und Kaffee ...

Schmecken – Wie war es, als wir das erste Mal den Geschmack einer Erdbeere in unserem Mund erlebten? Oder der erste Bissen einer Wassermelone, der erste Schluck Apfelsaft?
Welche Geschmäcker kennst du noch nicht?
Kennst du den Geschmack von echtem Süßwasser? Oder den salzigen Geschmack des Meeres auf der Zunge, wenn du an einem frühen Morgen am Ufer entlang spazieren gehst.
Wie oft nutzt du deinen Geschmackssinn ganz bewusst?

Fühlen – den Wind und die Sonne auf der Haut, die Hand eines Freundes in der deinen. Die Sehnsucht, die sich manchmal zeigt, nach einem geliebten Ort, einem Menschen oder einer bestimmten Zeit. Hörst du auf deine Gefühle, oder zweifelst du noch?

Unser Fühlen ist ganz tief in uns – manch einer mag sagen, im Herzen – verankert. Ich meine, das stimmt nur zum Teil, denn das Fühlen entsteht für mich im Bauch, in der Mitte, im Zentrum der Seele. Von dort aus kann es aufsteigen und sich – je nachdem, welche Emotion es ist – ausbreiten. Empfinde ich z. B. Angst – oder eine Facette davon (Wut, Leid, Not, Hass, Zweifel ...) –, spüre ich das in meiner Magengegend, es schwächt mich.
Fühle ich jedoch Liebe – oder eine Facette davon (Freude, Glück, Verbundenheit, Harmonie ...) –, entfaltet sich diese Kraft aus meiner Mitte heraus in alle anderen Bereiche meines Seins. Ich bin

dann von dieser Kraft erfüllt, sie stärkt mich. Je besser ich in meiner Mitte verankert bin, desto besser kann ich fühlen, was für mich und meinen Lebensweg wichtig und richtig ist.

Hören – Wie schön ist es doch, hören zu können, z. B. gerade jetzt, da ich hier sitze und diese Zeilen schreibe. Durch die offene Balkontür höre ich die Vögel singen, viele Vögel. Ich höre die Insekten schwirren und einen leisen Wind, der um die Bäume im Garten streift. Nein, ich wohne nicht in einer einsamen Hütte auf dem Land. Ich wohne in einem Dorf, etwas oberhalb des Zentrums in einem Gebiet, das mit verdichteter Bauweise beschrieben wird. Zugegeben, hinter meinem Haus beginnt der Wald.
Doch ich höre auch die Autobahn, die sich weiter unten im Tal dahinschlängelt. Und ich höre die Geräusche vom Bahnhof in der Stadt, die an unser Dorf grenzt. Ich höre das Radio meines Nachbarn, der in seiner Garage aufräumt.

Und ich höre diese Stimme in mir, die mich genau jetzt diese Worte schreiben lässt, damit du sie lesen kannst.
Jeder von uns hat eine innere Stimme, sie ist ganz eng verbunden mit unserer Mitte. Sie ist verwoben mit unserem Fühlen, Denken, Wissen und Tun. Die Kunst ist es, sie überhaupt wahrzunehmen und auf sie zu hören, unterscheiden zu können, wann es tatsächlich die eigene innere Stimme ist, der man folgt, und wann man den Worten folgt, die jemand anderes in die Welt gesetzt hat.

Sehen – Wir sehen jeden Tag so unzählig viele Bilder schnell aneinandergereiht. Überlege einmal selbst, wie viele Bilder täglich auf dich einströmen. Es sind Millionen Eindrücke, und die wenigsten davon werden bewusst gespeichert. Alle anderen werden sofort wieder aussortiert, und das ist gut so. Man stelle sich nur

einmal vor, allein die täglichen Nachrichten im Fernsehen würden auf Dauer in unserem Bewusstsein gespeichert ... (Eine kurze Randbemerkung: Ich selbst habe seit über 15 Jahren keinen Fernsehanschluss mehr und kann das von Herzen jeder Familie empfehlen!) Nur was wichtig genug ist, bleibt in Erinnerung.

Wenn wir uns vorstellen, in welchem Tempo die Menschen ihren Tag noch vor 100 Jahren erlebten, wie wenige Bilder und Informationen sie zu verarbeiten hatten, und dies dann mit unserer heutigen Zeit vergleichen, werden wir erkennen, dass etwas ganz gehörig aus dem Gleichgewicht geraten ist.
Können wir der heutigen Geschwindigkeit und Schnelllebigkeit des Lebens, der Flut an Bildern überhaupt noch folgen? Oft fliegen die Bilder und Eindrücke an uns vorbei, als würden wir aus einem Schnellzug hinaus auf unser Leben schauen.

Wann hast du das letzte Mal innegehalten und intensiv eine schöne Sache betrachtet, z. B. einen Baum, ein Blatt, eine Blume oder ein Gemälde?
Erinnerst du dich an Visionen, Träume und Wünsche – so richtig bildhaft?
Wie oft visualisierst du die Welt, die du dir wünschst?
Worauf lenkst du deinen Blick?
Änderst du gelegentlich deinen Standpunkt, um einen neuen Blickwinkel einzunehmen?

Wissen – »Was ich wirklich erfahren habe, weiß ich. Ich muss es nicht mehr glauben.«
Diesen Satz hat mir mein Lehrer Georg O. Gschwandler mit auf den Weg gegeben. Wissenschaft erschafft Wissen, jeden Tag aufs Neue. Was heute als richtig und gesichert gilt, kann morgen

schon als falsch erkannt werden. Eine Theorie löst die andere ab. Erfahrung ist dagegen etwas Direktes, etwas, was mit mir zu tun hat. Was ich selbst erfahren habe, lässt mich wachsen. Muss ich aber jede Erfahrung selbst machen? Muss ich in den Krieg ziehen, um zu wissen, dass dieser schmerzhaft und sinnlos ist?
Natürlich nicht.

Es geht vielmehr darum, dass wir als Menschen im Grunde unseres Herzens genau wissen, was lebensförderndes im Gegensatz zu lebensfeindlichem Verhalten ist. Angst und Zweifel, kulturelle und religiöse Prägungen lassen uns aber oft entgegen unserem besseren Wissen handeln. Ich bin mir nahezu sicher, dass jeder von uns in seinem Leben schon irgendwann eine Entscheidung getroffen hat, obwohl das eigene innere Wissen uns etwas anderes nahegelegt hatte.

Dieses tiefe Urwissen kann in jedem von uns gehegt und gepflegt werden. Wenn es sich entfaltet, werden wir mehr und mehr Zugang zu den Geheimnissen des Lebens und der Schöpferkraft erhalten.

Tun – In die Bewegung gehen. Damit meine ich wahrhaft leben, beweglich sein. Vor allem im Geist, in den Entscheidungen. Im Entfalten der Sinne. Nur wenn ich etwas tue, kann ich erfahren und damit wissen. Nur wenn ich hinausgehe, um ganz bewusst zu hören, zu sehen, zu schmecken, zu fühlen und zu riechen, werde ich etwas erfahren. Nur wenn ich mein Blickfeld erweitere, die Grenzen, die ich mir oft selbst gesteckt habe, überschreite, werde ich erfahren, was hinter dem Berg oder dem See auf mich wartet.

Alles, was ich hier nun beschrieben habe, gilt für unsere alltägliche Welt ebenso wie für die Geistigen Welten, die wir auf unseren Reisen besuchen. Wenn du dich auf die Andersweltreise begibst, ist es wichtig, all deine Sinne zu entfalten. Sei offen für die Erfahrungen, die dich erwarten, und vertraue auf die göttliche Führung der Schöpfung, deren Teil du bist.

Denke immer daran, dass du in diesen Welten ebenso handlungsfähig bist wie in deiner alltäglichen Welt. Du wirst Entscheidungen treffen und Wege gehen, die dich verändern können. Wege zu dir selbst, zu deiner Mitte – dem Zentrum deines Lebens.

Die Bereiche des Andersreichs

Jeanne erzählt:

*Tag und Nacht, innen und außen,
Allumfassendes Bewusstsein,
Bewusstsein und Unterbewusstsein.
Die Welt der Energie und ihre
materiellen Ausprägungen.*

In der hawaiianischen Schöpfungsgeschichte »Kumulipo« gebar die weibliche Nacht **PO** die Welt. Ihr Sohn Kumulipo, sein Name bedeutet »Quelle der Dunkelheit«, vereinigte sich mit seiner Schwester Poele, »der tiefen schwarzen Nacht«, und aus dieser Vereinigung entstammen alle Lebewesen. PO ist die Mutter allen Seins.

Der innere Raum wird ebenfalls PO genannt, in anderen Traditionen wird er auch »Anderswelt«, »Geistiges Reich« oder »Traumland« genannt. Es ist der innere Traum, die unsichtbare, geistige Wirklichkeit, die als Nacht bezeichnet wird. »**AO**«, der äußere Abdruck der inneren Welt, geht aus PO, dem inneren geistigen Raum, hervor. PO ist die Nacht, und AO ist der Tag.

In Hawaii ist der Sonnenuntergang der Beginn eines neuen Tages und die Morgendämmerung die Offenbarung der Nacht. PO, das geistige Reich, liegt im Westen, dort wo die Sonne untergeht. AO liegt im Osten, dort wo die Sonne aufgeht.

Ana'ole, ke ao, ka po	Die innere Welt und die äußere Welt sind grenzenlos.
Makia ke ali'i, ehu ka ukali	Konzentration ist der Anführer, Aktivität ist der Gefolgsmann.

Die innere Welt wird in Märchen und Mythen oft als Wald dargestellt. Die äußere Welt wird symbolisiert durch Berge, die unbeweglich und fest erscheinen. Wie viele Einweihungen spielen sich in den Mythen und Märchen im Wald ab? Wir wechseln ständig zwischen der äußeren, hart und fest wirkenden Realität und der inneren, weich und fließenden eigenen Wirklichkeit. Wir sind ständig mit der äußeren und inneren Welt verbunden.

Darüber hinaus finden wir in vielen schamanischen Traditionen eine Dreiteilung der Welten – Mittlere Welt, Untere Welt und Obere Welt.

Sabrina erzählt:

Auf den Trommeln der Sami in Finnland können wir Darstellungen der 3 Welten sehen, ebenso finden wir sie in den Mythen unserer europäischen Vorfahren wieder. Immer sind in den Legenden die Welten miteinander verwoben. Sie agieren miteinander und bedingen sich zum Teil gegenseitig. Jede der 3 Welten hat ihre eigene Landschaft, Entsprechung und Sprache. Mit den schamanischen Reisen hast du die Möglichkeit, diese Welten zu erforschen.

Anders als Jeanne dies beschreibt, habe ich gelernt, dass meine Reisen in Welten führen, die unmittelbar neben unserer alltäglichen Welt existieren. Sie sind für mich so real und erfahrbar wie die Welt, in der ich gerade diese Worte schreibe. Diesen Zugang möchte ich hier in diesem Büchlein weitergeben.

Gehe den Weg Schritt für Schritt, vertraue dabei auf deine Verbündeten. Sei klar in deinen Absichten, und übe immer wieder das Reisen. Begib dich in die Natur, und lerne, die Klänge um dich herum wieder zu hören. Verbinde dich mit der Natürlichkeit des Lebens dort, wo du bist.

Jeanne und Sabrina:

> Doch so, wie eine Frucht aus Schale, Kern und Fruchtfleisch besteht und doch nur eine Frucht ist, so sind diese geistigen Bereiche unterschiedliche Schwingungsräume, die letztendlich eins ergeben.

Die Untere Welt

Jeanne erzählt:
Hier wird gewandelt und gehandelt. In der Unteren Welt **MILU** (hawaiianische Bezeichnung) können wir unsere Kraft wiedererlangen, uns neu ausrichten, uns unseren Schatten und Ängsten stellen und die unterirdischen Quellen freilegen, unser Krafttier finden, unsere Ängste überwinden, tiefsitzende Muster auflösen, Schätze freilegen und vieles mehr. Das Ziel ist, Hindernisse und Herausforderungen zu meistern, unsere Kräfte zu stärken und unser wahres Ziel zu erreichen.

Die erste Reise in die Untere Welt ist die Reise zum Krafttier, das dich fortan auf Unterweltreisen begleiten und dir stets zur Seite stehen wird.

Wenn du z. B. auf einer deiner Unterweltreisen einem wilden Tier begegnest, so lasse dich fressen, und spüre, dass du unversehrt wieder auftauchst, lasse die Luft aus dem Tier, und beobachte, wie es schrumpft, verkleinere es oder mache dich selbst winzig klein, frage es, was es dir zeigen will usw. Es ist das Reich der Alpträume, der unerlösten Dinge und Herausforderungen, die wir meistern können. Daran werden wir wachsen und unsere innere Kraft stärken.

In der Unteren Welt können wir nach hawaiianischer Sichtweise behindernde Grundmuster verändern, erlösen und überwinden, wie z. B. haiki (Begrenzungen), weli (Ängste), inaina (Wut), kanalua (Zweifel), napa (Verzögerungen), hokai (Verwirrungen) und pouli (Unwissenheit). In die Untere Welt gelangen wir durch eine Abwärtsbewegung innerhalb unserer inneren Welt. Eingänge können z. B. eine Baumwurzel, die nach unten führt, ein Kaninchenbau, das Meer, in das wir hinabtauchen oder ein Brunnen, in den wir hineinfallen, sein. Die Untere Welt ist die verborgene, geheimnisvolle Welt, das kollektive Unbewusste, in dem alles

miteinander verbunden ist. Hier finden wir alles, was mit unseren verborgenen Kräften, Fähigkeiten und Talenten zu tun hat. Hier können wir über uns hinauswachsen und uns befreien, tiefere Strömungen und verborgenes Potenzial entdecken und uns mit dem beschäftigen, was unter der Spitze des Eisberges liegt.
»Alice im Wunderland« ist eine der bekanntesten literarischen Reisen in die Untere Welt.

Themen der Unteren Welt:

- Unterbewusstsein – **KU**
- Krafttiere, Naturwesen, Hüter und Wächter
- Zugang zu der Weisheit und der Akasha-Chronik der Erde
- Kraftquellen freilegen
- alte unbewusste Muster und Speicher der Seele
- frühere Leben, Wurzel des Übels, Wurzel der Kraft
- Ahnen, Potenzial aktivieren, Hindernisse überwinden
- verborgene Schätze bergen, neue Fähigkeiten und Kräfte entdecken

Sabrina erzählt:

Diese sogenannte Untere Welt hat nichts mit der Unterwelt oder dem Hades aus der griechischen Mythologie zu tun. Es ist keinesfalls ein Reich des Schreckens oder der Dunkelheit.

Die Untere Welt ist eine Welt, die nur ein klein wenig feinstofflicher ist als unsere gewohnte, alltägliche Welt. Diese Welt ist für den schamanisch Reisenden die am leichtesten erreichbare und auch erfahrbare Welt.

Das liegt vor allem daran, dass die Landschaft der Unteren Welt der unserer Erde sehr ähnlich ist. Es gibt dort Wälder, Berge, Seen, Flüsse, Pflanzen und Tiere, die dem Reisenden in ihrem Erscheinungsbild vertraut erscheinen.

Der Reisende findet dort seine ersten Verbündeten, das Krafttier und eventuell auch einen Pflanzenverbündeten. Später zeigen sich oft auch Lehrer, die jeweils einem der Naturreiche zugeordnet werden können.

Als Krafttiere kommen alle Tiere infrage, die bekannt sind. Manche Lehrer vermitteln, dass Insekten oder Reptilien keine Krafttiere sein können, ebenso wenig wie domestizierte Tiere wie Hunde, Katzen, Kühe oder Schafe. Meine Erfahrung zeigt jedoch, dass auch diese Tiere sehr wohl Verbündete und Lehrer sein können.
Ich habe erlebt, dass sich als Begleiter ein Hunderudel gezeigt hat, oder auch eine sehr eigenwillige Siamkatze. Drachen, Einhörner, Phönixe und andere Fabelwesen können sich genauso unter den Verbündeten befinden.
Eines meiner wichtigsten Krafttiere war lange Zeit eine sehr große, haarige Spinne, die meinen Eingang in die Anderswelt hütete.
Zwerge, Elfen, Gnome, Feuerwesen, Nixen, Kräuterweibchen, Zauberer und vieles mehr sind Lehrer, die den Reisenden in der Unteren Welt an die Hand nehmen und ihn lehren können.

Ich empfehle dir, zuerst Reisen in die Untere Welt zu unternehmen, dort dein Krafttier zu finden, mit ihm gemeinsam die Landschaft zu erkunden und alles, was du dort erfährst, in deinem schamanischen Tagebuch (siehe Seite 134) zu dokumentieren.
Wenn du dich auf deinen Reisen sicher fühlst, kannst du die nächste Welt erforschen.

Jeanne ergänzt:
Was ich an dieser Stelle wichtig finde, ist, dass immer ein ganzer Handlungsbogen vollzogen werden sollte. Ich reise in die Untere Welt mit einer Absicht (mein Krafttier zu finden, neue Kräfte zu erlangen, verborgene Anteile zu erkennen und zu erlösen, zu den

Wurzeln des Übels zu reisen, um diese zu befreien usw.), und ich komme aus der Unteren Welt zurück, wenn ich wieder ganz bei mir angekommen bin. Erst dann kehre ich in die alltägliche Wirklichkeit zurück. Es ist gut, sich die Erfahrungen und Erlebnisse zu notieren, denn oft ergeben sie erst viel später einen Sinn.

Die Mittlere Welt

Jeanne erzählt:

Sie ähnelt der äußeren Realität am meisten. Sie ist wie ein feinstofflicher Abdruck der äußeren Welt. Wir verbringen viel Zeit in unseren nächtlichen Träumen hier. Früher überschnitten sich die innere und die äußerer Welt in der Mittleren Welt **KAHIKI**. In diesem Bereich befindet sich unser innerer Garten – Tiki Waena –, den wir aufsuchen können, um Erkenntnisse, Selbsterfahrungen, Fähigkeiten u. Ä. zu erlangen. Er ist unser Start- und Landepunkt in der inneren Welt, und wir können dort all unsere erworbenen Fähigkeiten, Geschenke und Erkenntnisse verankern, ihn gestalten, umgestalten und erweitern. Tiki Waena ist der geistige Spiegel unserer Wirklichkeit und spiegelt unsere Lebensumstände.

Man kann einen Traum in der Außenwelt verändern, indem man ihn durch einen neuen, in Kahiki erschaffenen Traum ersetzt. Man kann von Kahiki aus die verschiedenen Bereiche des Geistigen Raumes bereisen, z. B. Pali Uli oder Bali Hai, mystische Orte, die man aufsuchen kann, um zu lernen, zu heilen und zu entdecken. Die Mittlere Welt können wir so erkunden, wie wir auch die reale Welt erkunden können, wie z. B. mit dem Schiff oder auch auf dem Rücken eines Tieres. Wir können uns auf geistiger Ebene die Räume und Orte, in denen wir uns aufhalten, energetisch anschauen und dabei erstaunliche Entdeckungen und Erfahrungen machen und unser Bewusstsein stetig erweitern und verändern.

Themen der Mittleren Welt:

- Mittleres Selbst – **LONO**
- Mittler zwischen der inneren und der äußeren Welt
- den geistigen Abdruck der Energie, die hinter einer Form wirkt, betrachten und erkennen
- den inneren Garten anlegen, Entwicklung beobachten, Handlungen innerlich wie äußerlich lenken
- die Spirits aussenden, um Informationen zu erhalten
- Wege anlegen, Wege freilegen
- gesunde Grenzen ziehen
- Frieden mit sich selbst schließen, Kräfte optimieren und fokussieren
- reisen, um Dinge zu finden
- reisen in Zeitlinien und alten Erinnerungen des Lebensverlaufs
- Dinge aus der inneren Welt in die äußere Welt bringen, Ereignisse der äußeren Welt in der inneren Welt reflektieren und neu gestalten
- Symbole, die man gezeigt bekommt, anfertigen oder malen, damit sie auch auf der Alltagsebene manifest werden
- Erfindungen umsetzen
- Handlungsfähigkeit und Erkenntnis
- Umsetzung und Tatkraft mit Liebe im Herzen

Sabrina erzählt:

Diese Welt kann als energetischer Abdruck der alltäglichen Welt verstanden werden.

Der Reisende sieht seine alltägliche Umgebung wie durch eine spezielle Brille, welche es ihm erlaubt, mehr als die Wände, die Möbel und andere feste Gegenstände zu erkennen. Der Reisende sieht, welche Energien und vielleicht auch Wesen sich sonst noch

in seiner Umgebung aufhalten. Hier sind unter anderem auch der Spirit des Ortes sowie der eigene Hausgeist zu finden.

Der Kontakt mit dem eigenen Hausgeist oder mit dem Geist eines anderen Ortes hat viele Vorteile. Wenn ich z. B. weiß, dass mein Hausgeist aus dem Reich der Luft stammt, so kann ich für ihn Klangspiele, Federn und andere Geschenke in meinem und um mein Haus herum bereitstellen.

Ein Luftgeist wird immer dafür sorgen, dass »frischer Wind« in meinem Leben weht. Er kann mir den Kopf frei machen, neue Ideen in mir hervorbringen, sich aber auch bemerkbar machen, wenn ungebetene Gäste mein Haus betreten wollen.

Ein Erdgeist kann mir dabei helfen, mich selbst zu erden, Ordnung in mein Leben zu bringen und eine gute, stabile Basis zu erschaffen.

Die Spirits oder Hüter eines Platzes oder Ortes wiederum sind sehr wertvolle Verbündete, wenn ich an diesem Ort arbeiten möchte. So kann ich den Hüter um Unterstützung bei meiner Arbeit bitten, ihn fragen, was es zu beachten gilt, und vor allem kann ich vor Beginn meiner Arbeit mit diesen Wesenheiten in Kontakt treten und abklären, ob es grundsätzlich erwünscht ist, dass an diesem Ort überhaupt gearbeitet wird.

Es gibt viele Möglichkeiten, mit den Spirits eines Ortes zusammenzuarbeiten, ebenso gibt es unzählige Ideen, mit dem eigenen Hausgeist Kontakt aufzunehmen. Sei kreativ, und traue dich, mit diesen wertvollen Helfern zusammen die Mittlere Welt zu erforschen!

Elementale, von den Bewohnern eines Ortes erschaffene Energiewesen, tummeln sich ebenfalls in der Mittleren Welt. Diese Energiewesen können sich in Liebe und Freude, aber auch in Wut und Trauer ausdrücken. Sie werden genährt von den Emotionen und der Lebensweise aller Menschen, die an einem Ort leben.

Ebenso sind in dieser Welt gebundene Seelen zu finden. Verstorbene, die körperlos in einem Schockzustand sind und den Weg ins Jenseits selbst nicht mehr finden.
Jeder Verbündete kann ein Begleiter für die Mittlere Welt sein. Oft gibt es allerdings einen eigenen Verbündeten, der nur für diese Mittelweltreisen zuständig ist. Ich empfehle, seinen Anweisungen unbedingt Folge zu leisten!

Eine Reise, mit der ein schamanisch Praktizierender beginnen kann, diese Mittlere Welt zu erkunden, findet im eigenen Lebensraum statt:

- Wie sieht das eigene Haus, die Wohnung, der Keller, der Garten in der Mittleren Welt aus?
- Bereise deinen Arbeitsplatz, respektiere dabei aber auch die Privatsphäre deiner Kollegen oder Mitarbeiter.
- Du hast immer wieder Schnecken oder Blattläuse in deinem Garten? Dann besuche sie in der Mittleren Welt. Nimm Kontakt auf mit dem, was in deiner unmittelbaren Umgebung ist.
- Du kannst dir auch die nähere Umgebung deines Wohnortes ansehen. Allerdings ist es wie immer gut, dies Schritt für Schritt zu tun und dabei eng mit den Verbündeten in Kontakt zu treten.

Wähle die Mittlere Welt aus für deine Reisen, wenn du in der Unteren und Oberen Welt schon gut verbunden bist und dich auf deinen Reisen sicher fühlst.

Die Obere Welt

Jeanne erzählt:

Welt der Engel, der Meister, der Erleuchteten, der Götter und Göttinnen, der Akua. In dieser Welt kann man Inspirationen, Einsichten, Neuausrichtung und Führung erfahren. Man kann sich in Lichttempeln ausbilden lassen.

In die Obere Welt **LANIKEHA** reisen wir mit einer Aufwärtsbewegung, z. B. indem ein Vogel mit uns nach oben fliegt, eine Lichtspirale uns nach oben dreht oder eine Windhose uns hinaufzieht. Hier werden wir mit dem zeitlosen höheren Selbst verbunden, einer nichtörtlichen Existenz, jenseits von Raum und Zeit. Das höhere Selbst kennt unseren Lebensplan und weiß um unser Potenzial, mischt sich aber nicht ein, solange wir nicht in bewussten Kontakt mit ihm treten. Das höhere Selbst *ist*. Es ist feinstofflich und teilweise mit Farben, Formen und Klängen versehen, wie es sie bislang noch nicht in dieser Welt gibt, die sehr fein schwingen und von innen leuchten können,

Die Obere Welt ist die Welt der Ideen, Visionen von allem, was wir uns an Neuerungen vorstellen können, eine Welt der unbegrenzten Möglichkeiten. Auch hier ist es wichtig, nach der Erfahrung wieder ganz in die Mitte zu kommen und von dort aus wieder in diese Wirklichkeit zurückzukehren.

Themen der Oberen Welt:

- Höheres Selbst – **KANE / AUMAKUA**
- Verbindung zur Ewigkeit, Zugang zu höheren Welten
- Erkenntnisse, Schulungen, geistige Ausbildungen, Selbstmeisterung
- Lehrer, Meisterebenen
- Potenzial, Liebe, umfassendere Sicht aus der Ewigkeit
- Seelenabsprachen vor der Geburt

- Kontakt mit dem Seelenplan und der Bestimmung
- Ursprung, Herkunft
- Zugang zum Potenzial der Seele
- Liebe bringen, statt Liebe zu fordern
- in Frieden sein, statt für den Frieden zu kämpfen
- Welt der Ideen und Visionen
- Warum bist du hier? Was wolltest du dieser Welt bringen?

Ich habe einen sehr starken Bezug zu dieser Welt. Sie ist unser geistiges Zuhause, nach dem wir uns sehnen. Solange wir diese Welt aber benutzen, um der alltäglichen Wirklichkeit und diesem Leben zu entfliehen und uns dem, was wir im Herzen wirklich fühlen, nicht stellen, können wir diese Kraft nicht leben und in unsere Alltagswelt bringen.

Erst wenn wir wirklich JA zu unserem Leben mit allen Ebenen, Tiefen und Höhen sagen und das Geschenk des Lebens und der schöpferischen Kräfte annehmen, werden wir ein starker Kanal für diese Kräfte, die nicht nur unser Leben, sondern das Leben aller wandeln können. Diese Ebenen sind da, um uns auszurichten, Visionen zu erhalten und diese Schritt für Schritt mit Ausdauer und Geduld zu verwirklichen, mit allen Höhen und Tiefen, die wir dabei erfahren. Glaube an dich selbst, und gib nicht auf! Halte an deiner Vision fest, und lebe sie – alles ist bereits in uns!

Höhere Ebenen können niedrigere Ebenen wandeln, niemals umgekehrt. Wenn wir etwas in unserem Leben verändern wollen, sollten wir die geistigen Ebenen mit einbeziehen, um über den Tellerrand zu sehen und über unsere beschränkte Sichtweise hinauszugelangen.

Sabrina erzählt:

Diese Welt zeigt sich dem Reisenden schon um einiges feinstofflicher als die Alltagswelt oder auch die Untere Welt. Die Landschaft

in dieser Welt ist subtiler, manchmal sogar verwirrend, besonders bei den ersten Reisen. Oft sind es Wolken oder Lichtformationen, manchmal Wirbel oder spiralförmige Nebel, die sich nach und nach in eine Form verfestigen, zu denen der Reisende geführt wird. Manchmal schwebt der Reisende auch einfach durch das All.

Wohin geht deine Reise?

Die Wesen der Oberen Welt können sich als Licht, als Energie, als Wirbel und noch vieles mehr zeigen. Hier finden wir unseren Lehrer aus der Oberen Welt sowie auch unseren geistigen Heiler, der uns auf unserem weiteren Weg unterrichten wird. Es ist auch die Welt, in der du aufgestiegene Meister und deine engelhaften Begleiter finden kannst.
Dein erster Verbündeter, den du in dieser Oberen Welt findest, hat dort unter anderem dieselbe Aufgabe wie dein Krafttier in der Unteren Welt. Er ist es, der dich auf deinen weiteren Reisen in der Oberen Welt begleiten, dir die Landschaft zeigen und dich in diese Welt einführen wird.

Mein erster Lehrer in der Oberen Welt zeigte sich als Bibliothekar einer riesigen Büchersammlung. Eine schier endlos erscheinende Wendeltreppe führte mich hoch hinaus, ich hatte das Gefühl, bis ins Zentrum des Universums zu steigen. Oben angekommen stand ich vor einer wunderschönen, leuchtenden Tür. Der bloße Gedanke daran, was wohl hinter dieser Tür sein konnte, öffnete diese. Als ich eintrat, war ich überwältigt von der Schönheit des Raumes. Eine unendlich erscheinende Kuppel erstreckte sich über mir. Unzählige Galerien mit Büchern füllten den Raum. Inmitten dieser Bücher saß an einem kleinen Tisch ein alter Mann. Auf den ersten Blick erinnerte er mich an den Sternenzähler aus dem Buch »Der kleine Prinz«. Er lächelte mich an und begrüßte mich freund-

lich. Auf meine Frage, wer er sei und was er mit mir zu tun habe, antwortete er: »Ich hüte die Bücher der Welten, alles, was jemals geschrieben, erforscht oder dokumentiert wurde, findest du hier. Ich lehre dich, selbst zu schreiben, schon seit du ein Kind bist. Daher kommt auch deine Liebe zu Büchern und Geschichten. Wir werden uns noch oft begegnen. Denke daran: Immer wenn du etwas wissen möchtest oder eine Frage hast, kannst du auf eine Tasse Tee zu mir kommen und mit mir darüber reden.«

Er sollte recht behalten, wir haben uns noch öfter getroffen, und ich denke, er ist auch jetzt gerade bei mir und beobachtet schmunzelnd die Worte, die ich schreibe.

Dokumentiere deine Reisen in die Obere Welt und das, was du dort lernst, wiederum in deinem schamanischen Tagebuch.

Grundsätzliches aus unserer Sicht:

Alle Welten sind über den Regenbogen auf unsichtbare Weise miteinander verbunden und verwoben, da es in Wirklichkeit keine Trennung dieser Welten gibt. Sie haben lediglich verschiedene Aufgaben.

Wenn wir diese Welten bereisen, so schwingen sie in einer anderen Dichte. Die Obere Welt schwingt meist in feinstofflich irisierenden Farben, die wir hier auf dieser Erde noch nicht kennen. Die Untere Welt kann in sehr kräftigen Farben und starken Gefühls- und Sinneseindrücken schwingen und uns manchmal richtig tief erschüttern und emotional berühren. Die Mittlere Welt ist ähnlich der äußeren Welt, ein Energieausdruck.

Es gibt noch viele andere Bereiche in der inneren Welt, die besucht werden können. Die Welt der Ahnen, ferne Planeten, Einweihungsorte und vieles mehr. Es ist wichtig den inneren Garten auf-

zubauen und sich immer wieder auf seine Mitte und auf die Kraft, die von innen kommt, auszurichten, z. B. Pali Uli oder Bali Hai.*

Pali Uli ist das Paradies, ähnlich unserem Garden Eden. Hier können wir die reinsten Zustände und höheren Ebenen und übergeordnete Sichtweisen erlangen.

Wir starten im Ort der Mitte, landen dort und verankern, was wir aus anderen Welten mitgebracht haben. Dabei kann es passieren, dass sich unser innerer Ort verwandelt, dass andere Bereiche dazu kommen, sich der Ort vergrößert, etwas entsteht, was es vorher dort nicht gab usw. Erlauben wir dem intelligenten Feld, dessen Teil wir sind, sich selbst neu auszurichten!

Sabrina ergänzt:
Wenn Jeanne von den inneren Welten spricht, so versteht sie darunter das, was ich die Anderswelt nenne. In meinem Verständnis liegen diese Welten jedoch nicht »in uns«, sondern sind eigenständige Welten, die mit unserer Welt, mit uns selbst verwoben sind. Selbstverständlich durchwirken uns diese Welten und Orte auf unterschiedlichste Weise. Dennoch sehe ich die Reisen in die Anderswelt nicht unbedingt immer als Reisen nach innen.

Wenn ich z. B. für einen Klienten reise, so reise ich nicht in diesen Menschen, sondern ich erkunde in der Anderswelt Bereiche, die mir etwas über diesen Menschen zeigen. Oft befinde ich mich bei diesen Reisen an Orten, die ich kenne, und es zeigt sich mir z. B. das Krafttier des Klienten. Manchmal verändern sich mir bekannte Orte auch, um mir etwas zu verdeutlichen.

---

* Bali Hai ist der Makana Mountain auf Kauai, er sieht aus wie eine Pyramide, Sitz und Wohnort der Aumakua und Spirits, die uns lehren, lernen und einweihen in die Kräfte des Geistes.

Hilfreiche Informationen für deine Reise

Das Anlegen des inneren Gartens – des inneren Ortes, deines Seelengartens

Der innere Ort kann ganz unterschiedlich angelegt sein.

Wir möchten hier nichts vorgeben. Wir beschreiben lediglich Möglichkeiten und Ideen, die jedoch auch ganz anders aussehen können. Der Weg nach innen, der Weg in deinen Seelengarten, ist ein Weg zu dir selbst und hat mit deiner erfahrbaren Wirklichkeit zu tun. Nur du kannst dort deine Schritte machen, deine Erfahrungen sammeln.
Diese können ganz anders sein, als die, die wir hier in diesem Buch beschreiben. Siehe sie als Anregung, als Inspiration, deine eigene Erfahrung zu machen.

Eine allgemeine Vorbereitung und schamanische Techniken findest du im 2. Teil, im praktischen Teil dieses Buches.

Jeanne erzählt:
Man kann zu jedem Thema eine schamanische Reise machen und sich einfach von innen führen lassen. Schaue, was sich dir zeigt. Wenn etwas sich nicht gleich lösen lässt, so bleibe bei dem Thema und lasse dich weiter führen. Ausdauer, Geduld und Gestaltungsgabe (Schöpferkraft) sind wichtig.
Mit einer möglichen Meditation führen wir dich an dieser Stelle Schritt für Schritt in das Anlegen des inneren Ortes ein. Auch bei dieser Meditation sind anschließende Notizen in einem Tage-

buch hilfreich. Schreibe auf, was du erlebst, erfährst, fühlst und wahrnimmst.

Sabrina ergänzt:
Bei der schamanischen Reise sind alle Sinne gefragt. Sie können Antworten geben auf Fragen, Gefühle oder Ahnungen. Wichtig ist immer die klare Absicht der Reise. Sei dir bewusst, dass sich die Eindrücke und Erlebnisse bei einer schamanischen Reise sehr von denen bei einer Meditation unterscheiden können.

Vorbereitung

Jeanne erzählt:
Schaffe dir einen Raum, in dem du ungestört sein kannst und in dem du dich wohlfühlst. Dieser Raum kann dein Zimmer sein oder natürlich auch ein Kraftplatz in der Natur, an dem du dich sicher und geborgen fühlst. Ich habe einen Kraftplatz in der Natur, mit dem ich mich sehr verbunden fühle, und den ich immer wieder aufsuche, um mit der Geistigen Welt zu kommunizieren. Es ist erstaunlich, wie die Natur die Reise unterstützt und trägt, und wie sie einem nach einer Reise oft ganz verändert und viel leuchtender und klarer erscheint.
Die Natur sendet uns Zeichen. Der Wind, der aufkommt, Blätter, die von Bäumen wehen, Vogelgezwitscher, Donnergrollen, Lichtverhältnisse und vieles mehr.

Fühle in dich hinein, und schaue, was du brauchst, damit du dich wohlfühlst und dich für den geistigen Raum öffnen kannst. Dazu könnten gehören: bequeme Kleidung, Räucherwerk, Duftessenzen, Kerzen, schöne Musik, Trommeln ...

Sabrina ergänzt:

Ich rate davon ab, Meditationen oder schamanische Reisen im Bett auszuführen. Auch wenn eine leichte Müdigkeit Reisen und Meditationen unter Umständen begünstigen kann, so ist das Bett als Schlafplatz doch mit Schlaf und nicht mit Achtsamkeit verbunden. Der Körper erinnert sich sofort an die »Tätigkeit« des Schlafens, wenn wir in unserem Bett liegen. Wenn es uns dort besonders bequem und kuschelig erscheint, kann es dazu führen, dass wir, anstatt auf Reisen zu gehen, einfach in einen tiefen Schlaf fallen. Das kann zwar sehr heilsam sein – vielleicht ergibt sich sogar ein Traum, der zur ursprünglich gestellten Frage passt –, unsere Absicht ist es allerdings, klar und bewusst zu reisen oder zu meditieren, um unseren Seelengarten aktiv zu gestalten.

Wenn du die Technik des bewussten Träumens beherrschst, ist das selbstverständlich auch eine Möglichkeit, diese Aufgabe zu erfüllen. Für die meisten Menschen ist es jedoch leichter, sich einen anderen Meditations- bzw. Reiseplatz zu suchen, an dem sie wach und bewusst bleiben können.

Jeanne und Sabrina:

Je öfter wir einen Platz und eine regelmäßige Zeit des Übens für uns einrichten, desto leichter wird es, Zugang zur inneren Welt zu bekommen. Es ist wichtig, dass wir beginnen, uns selbst zuzuhören und in uns hineinzulauschen.

Atemübung von Jeanne:

Hier ein Beispiel zur Aufladung mit Lebenskraft (**MANA**):

Nimm eine für dich bequeme Position ein, in der du dich wohlfühlst und in der die Energie des Universums durch dich hindurchströmen kann.

Schließe deine Augen. Fühle in dich hinein. Nimm ein paar tiefe Atemzüge.

Korrigiere deine Haltung gegebenenfalls, bis du ganz bei dir angekommen bist.

Beginne, deine Atemzüge zu lenken, um dich aufzuladen.

PICO PICO – Aufladen und Reinigen:

Atme zum Scheitelpunkt ein – und zum Bauchnabel aus.

Linke Schulter ein – Bauchnabel aus (3x). Spüre nach. Fühlst du einen Unterschied?

Rechte Schulter ein – Bauchnabel aus (3x). Spüre nach.

Linke Hüfte ein – Bauchnabel aus (3x). Spüre nach.

Rechte Hüfte ein – Bauchnabel aus (3x). Spüre nach.

Schambein ein – Bauchnabel aus (3x). Spüre nach.

Linke Fußsohle ein – Bauchnabel aus (3x). Spüre nach.

Rechte Fußsohle ein – Bauchnabel aus (3x). Spüre nach.

Sabrina ergänzt:
Vielleicht fragst du dich jetzt, wie das funktionieren soll – über die Schulter, die Hüfte oder die Fußsohlen einzuatmen?
Deine Haut ist das größte Organ deines Körpers. Über die Poren deiner Haut nimmst du Luft genauso wie Feuchtigkeit auf. Denke daran, dass deine Energie der Aufmerksamkeit folgt.
Stelle dir zu Beginn dieser Übung einfach vor, wie du an den beschriebenen Körperstellen atmest. Vielleicht hilft es dir, der Luft, der Energie, die du atmest, in deiner Vorstellung eine Farbe zu geben. Vertraue auf die erste Farbe, die dir dabei in den Sinn kommt. Stelle dir nun einfach vor, wie die farbige Energie an der entsprechenden Stelle in dich herein- und am Bauchnabel wieder hinausfließt. Aus deiner Mitte, 4 Fingerbreit unter deinem Bauchnabel, nährst du deinen Energiekörper mit Lebensenergie. Dein Energiekörper wird dadurch größer und stabiler. Deine Wahrnehmung, deine Abgrenzung und deine Reisefähigkeit verbessern sich dadurch.
Beobachte, was mit dir und in deinem Umfeld passiert. Was verändert sich, wenn du diese Atemübung regelmäßig machst? Du wirst mit der Zeit die Erfahrung machen, dass allein der Gedanke an diese Atmung ausreicht, um sie zu aktivieren. Und du kannst sie ohne großen Aufwand überall dort machen, wo du gerade bist.

Ankommen

Jeanne erzählt:
Lasse dich an deinen inneren Ort sinken. Es kann sein, dass es ganz von alleine passiert und du wie von selbst immer tiefer in deine geistige Essenz hineinkommst.
Vielleicht hilft anfangs auch die Vorstellung, dass du dich aus dem denkenden Verstand über den Hals in den Raum des Herzens sinken lässt, um ganz dort anzukommen. Es gibt viele Wege.

Sabrina ergänzt:
Wenn du das schamanische Reisen schon geübt hast, so begib dich an deinen Startplatz, und bitte deine Verbündeten darum, dich in deinen Seelengarten zu führen.

Eingang

Jeanne erzählt:
Der Eingang kann ein Tunnel, ein Wasserfalltor, ein Gartentor, ein Loch in einer Hecke, ein Stargate, eine Höhle, ein Lift, ein Beamstrahl oder was auch immer sein. Das Tor markiert den bewussten Übergang von einem Zustand in einen anderen, tieferen Zustand. Nur du kennst diesen Eingang, diesen Zugang zu deinem inneren Ort. Durchschreite den Eingang.

Sabrina ergänzt:
Bei einer schamanischen Reise zu deinem Seelengarten werden dir deine Verbündeten den Eingang zeigen. Dieser ist so individuell wie du selbst. Vor allem kannst nur DU ihn finden, es ist dein ganz persönlicher Zugang zu deinem innersten Wesen. Wahrscheinlich kommst du zuerst in einen Bereich, den ich als Seelenland beschreibe. Im Zentrum dieses Seelenlandes liegt dein Seelengarten.

Weg – Einstimmung und Öffnung

Jeanne erzählt:
Der Weg in deinen Seelengarten dient der Einstimmung und Öffnung. Öffne alle deine Sinne, und sammele so viele Sinneseindrücke wie möglich. Lasse dir Zeit dabei, und öffne die Sinne nacheinander und ganz bewusst:
Rieche, nimm die Gerüche wahr.

Schmecke, nimm etwas aus dem inneren Ort in deiner Vorstellung in den Mund und schmecke es bewusst. Ist es sauer, süß oder vielleicht bitter?

Höre, sperre deine Ohren auf, und nimm die Geräusche wahr – innerlich und äußerlich. Stimmen, Klänge, Wasserrauschen, Wind, das Knistern eines Feuers, das Plätschern eines Baches usw.

Berühre etwas in deinem inneren Garten, nimm es in die Hand. Wie fühlt sich die Oberfläche eines Steins oder einer Pflanze an? Welche Struktur hat die Baumrinde, die Haut der Erde? Fühle die Temperatur an deinem inneren Ort. Ist es warm oder kalt?

Spüre die Energiebewegungen, die Bewegungen des Windes, des Wassers, deiner Schritte. Vielleicht spürst du ein inneres Drücken oder Ziehen?

Fühle den Weg unter deinen Füßen. Ist er breit, waldig, steinig, sandig? Knirscht oder knackt es beim Gehen unter deinen Füßen?

Sieh, beobachte, öffne dein inneres Auge, und schaue dich um. Was fällt dir auf? Betrachte etwas in deinem inneren Garten, das fließende Wasser, eine Blüte, einen Baum oder etwas anderes. Welche Gefühle entwickeln sich, je tiefer du dich auf deinen inneren Ort einlässt?

Sabrina ergänzt:

Wenn wir uns nach innen bewegen, können wir alle Sinneseindrücke abfragen oder durchgehen. Daraus entwickelt sich meistens eine umfangreiche Vorstellung oder ein Bild des inneren Ortes. Die Eindrücke des inneren Ortes können ganz anders sein als die des äußeren Umfelds. Während man im Raum sitzt und sich auf Reise begibt, kann im Inneren ein Fluss fließen – und man hört wirklich das Rauschen des Wassers. Äußere und innere Geräusche können auch synchron sein, z. B. fällt eine Tür zu und man kommt genau in diesem Moment wieder in seine Mitte.

Wenn du nun durch den Eingang in den Bereich deines Seelenlandes gekommen bist, so wirst du einen Weg entlanggeführt, der zu deinem Seelengarten führt. Dieser Weg gibt dir Hinweise auf deinen Ursprung, deine Zugehörigkeit. Dieser Weg kann dich in die tiefsten Tiefen der Erde führen oder in die entferntesten Galaxien des Universums, all das ist möglich. Es ist ein Land, das dir vieles über dich zeigen kann, und du wirst es nach und nach erforschen – ausgehend von deinem Seelengarten, zu dem du nun unterwegs bist.

Das Zentrum

Jeanne erzählt:

Du bewegst dich nun auf dein inneres Zentrum zu. Das Zentrum ist ein zentraler Platz in deiner inneren Welt. Ein Platz, den man von Weitem wahrnimmt und der ein deutliches Kennzeichen hat, das du augenblicklich erkennst. Es ist ein Kraftort in deinem inneren Raum, an dem alle Linien zusammenlaufen.

Es kann ein großer Baum sein, eine Quelle, ein Kristall oder ein besonderer Stein, eine Steinformation, ein Leuchtturm, ein Symbol, in das du eintrittst, ein Licht oder etwas ganz anderes. Auf jeden Fall ist es etwas, das dein Zentrum markiert und für dich schon von Weitem wahrnehmbar ist.

Wenn dein innerer Ort unter Wasser liegt, so kann dein Zentrum ein Riff sein, ein versunkener Tempel, irgendetwas, das dir sofort sagt: Hier bin ich richtig! Das Zentrum dient der eigenen Anbindung und Ausrichtung und ist eine gute Orientierung, wenn wir aus anderen Ebenen zurückkehren. Hier kann man wieder ganz in seine Mitte kommen, sich ausrichten, sich nach allen Seiten öffnen, sich aufladen, sich mit seinen Spirits verbinden und neue

Erkenntnisse verankern, die nicht selten den inneren Ort verändern. Von hier aus kannst du auch deine Krafttiere aussenden, um Informationen für dich einzuholen. Von hier aus führen die Wege überallhin und auch wieder zurück.

Erkunde zuerst dein Zentrum:

- In welchem Zustand ist es?
- Wie ist die Energie?
- Wie ist der Energiefluss?
- Wie fühlt sich die Kraft an?

Wenn du schon lange nicht mehr bei dir warst, kann es sein, dass dein Zentrum zerfallen, kaputt, angeschlagen wirkt ... Wunderbar, dann kannst du jetzt anfangen, deinen Kraftplatz in dir wieder zu errichten und die Lebensadern freizulegen.

Wenn wir in der Mitte des Zentrums stehen, werden wir meist von einem großen Frieden erfüllt und fühlen eine deutliche Verbundenheit. Es ist, als ob Strom oder Energie durch uns fließt, wir fühlen uns an die Energie des Universums angeschlossen. Hier können wir uns in unsere wahre geistige Größe und Kraft ausdehnen und ausrichten. Anschließend nehmen wir unser Zentrum wieder ein.

Übung, uns in unserer Mitte auszurichten und unser Kraftfeld aufzubauen:

Begib dich jetzt in deiner Vorstellung ganz in dein Zentrum, in deine Mitte hinein. Fühle den Strom des Universums und wie er beginnt, durch dich zu fließen und dich aufzuladen.

Dehne dich aus in deine wahre Kraft und Größe. Atme zum Scheitel ein und zu den Fußsohlen aus. Spüre eine Ausdehnung und Öffnung. Nimm einen tiefen Atemzug, und öffne dich nach unten. Fühle deine eigene Verbindung zu Mutter Erde. Wenn ein Apfel vom Baum fällt, schlägt der Apfelkern irgendwann eigene Wurzeln. Auch du hast eine eigene Anbindung an Mutter Erde.

Diese kann in den Wurzeln bestehen, in den Gold- oder Silberadern, dem Wasser, den Mineralien oder Kristallen. Finde deine eigene Anbindung. Öffne dein Wurzelchakra und deine Fußsohlen, und erlaube dir eine eigene Anbindung, einen guten Stand im Leben. Fühle, wie durch diese Verbindung deine Samen, dein Potenzial, deine Fähigkeiten, deine Talente und deine einzigartige Medizin berührt und aktiviert wird. Lasse dir Zeit.

Atme ein, und dehne dich nach vorne aus. Lasse alle deine Rollen und Muster fallen. Sei einfach nur du selbst. Fühle, wie du frei ein- und ausatmen kannst.

Nun öffnest du dich nach hinten. Fühle in deinen Rücken hinein. Lasse alles fallen, was du mit dir herumträgst, was du dir aufgebürdet hast, und dehne dich mit den nächsten Atemzügen nach hinten aus. Fühle den Raum hinter dir.

Nun öffnest du dich nach links und nach rechts. Fühle in deine Seiten hinein. Mit dem nächsten Atemzug öffnest du deine Seiten links und rechts und erlaubst dir, dich ganz auszudehnen.

Nun öffnest du dich nach oben in deine eigene Anbindung an das ewige Licht. Atme ein, und atme aus, öffne dich nach oben, und fühle, wie die Energie des Universums in dich hineinströmt und beginnt, dich zu reinigen und mit strahlendem Licht und viel Liebe anzufüllen.

Verweile in deiner wahren geistigen Größe, in deiner Mitte. Atme in dein Kraftfeld hinein, und richte es so aus, dass du dich wohlfühlst. Es kann sein, dass sich Farben, Klänge und Symbole darin bewegen und deine Ausstrahlung sich jetzt vollkommen verändert. Sei der, der du bist.

Wenn du im vollkommenen Einklang mit dir selbst bist, kannst du beginnen.

Aus dieser Mitte können sich sämtliche Pfade und Wege in alle Welten auftun, die du dann mit deinen Spirits bereisen kannst. Begib dich auf die Reise. Komme immer wieder in deine Mitte zurück. Wenn du wieder ganz du selbst bist, mit dir und dem Universum verbunden und im Einklang, kehre von der inneren in die äußere Welt zurück.

Sabrina ergänzt:
Wenn du eine schamanische Reise nutzen möchtest, um in deinen Seelengarten zu kommen, so wirst du ebenfalls von deinen Verbündeten in das Zentrum deines Gartens geführt werden.

- Schaue dir dieses Zentrum genau an, was ist dort?
- Wie riecht es da, wie ist die Temperatur?
- Gibt es Pflanzen, und was sind es für welche?
- Wo ist der Gärtner deines Gartens?
- Wer ist dein Gärtner?

Dein Gärtner ist dein Verbündeter, der dir dabei hilft, diesen Ort zu gestalten und zu hüten. Dein Gärtner ist aber ebenso ein sehr wertvoller Lehrer auf deinem Weg. Er wird dich begleiten und mit dir gemeinsam deinen Seelengarten erforschen und gestalten, dich beraten und führen.

Das Zentrum deines Seelengartens kann dir auch deutlich aufzeigen, wie du im alltäglichen Leben stehst. Dazu an dieser Stelle ein Beispiel:

Eine Schülerin beschwerte sich immer wieder darüber, dass die Menschen ihre Grenzen sehr oft überschritten und sie nicht wusste, wie sie darauf reagieren sollte. Sie wohnte bei uns in der Nähe in einem Dorf, und es hatte sich im Laufe der Zeit ergeben, dass viele Leute bei ihr ein und aus gingen. Nicht nur nahe Freunde und Familie, sondern eben auch »nur« Bekannte. Das ging so weit, dass einzelne Menschen ohne zu klingeln plötzlich in ihrem Haus standen und sich an ihrem Kühlschrank bedienten. Bei ihrer ersten Reise in ihren Seelengarten fand sie in ihrem Zentrum ein ganzes Dorf vor. Erst war sie von diesem Treiben und Leben in ihrem Garten ganz angetan – bis ich sie fragte, ob sie in ihrem Seelengarten denn wirklich ein ganzes Dorf brauche …

Da wurde ihr schlagartig klar, wie das Dorf in ihrem Garten mit den ungebetenen Besuchern in ihrem Leben zusammenhing. Sie reiste wieder in ihren Seelengarten und siedelte das ganze Dorf in einen Bereich um, der für Beziehungen steht. Ihren innersten Bereich, das Zentrum ihres Seelengartens, gestaltete sie mit ihrem Gärtner neu und zog auch eine klar definierte Grenze um diesen innersten Teil ihres Gartens. Und siehe da, ab diesem Moment beruhigte sich auch die Situation in ihrem Haus ziemlich schnell. Sie empfängt selbstverständlich auch heute noch Besucher, aber eben solche, die sie selbst einlädt bzw. solche, die ihre Grenzen respektieren.

Spirits

Jeanne erzählt:
Als Nächstes lernst du deine Spirits kennen, die geistigen Wesen, die mit dir verbunden sind. Wir haben viele Verbündete in unserer inneren Welt, da wir mit vielen Kräften verbunden sind.

Jeder von uns ist mit anderen Spirits verbunden, welche die einzigartigen Energien, die wir in diesem Leben verkörpern, weben und unterstützen. Wir haben nicht nur einen Verbündeten, sondern Verbündete aus vielen Reichen. Spirits können in Form von Krafttieren, Pflanzenverbündeten, Steinverbündeten, Naturwesen, Engeln, Meistern, Heilern usw. auftauchen.

Wir können an diesem Ort mit ihnen in Kontakt treten, mit ihnen kommunizieren und uns von ihnen führen lassen. Spirits suchen sich uns aus und nicht umgekehrt. Sie tauchen auf, sie begleiten uns, und sie können auch wechseln, wenn wir unsere Lektionen gelernt haben oder eine neue Aufgabe im Leben ansteht. Neue Spirits können erscheinen und bekannte Verbündete in den Hintergrund treten.

Wenn du ganz in deiner Mitte bist, kannst du den Spirit, der diesen inneren Ort hütet, bitten zu erscheinen. Warte, bis du seine Gegenwart deutlich wahrnimmst. Es kann sein, dass du es fühlst, siehst oder einfach weißt. Begrüße ihn auf deine Weise, verweile mit ihm, lerne den Spirit kennen. Nun kannst du auf Erkundungs- und Entdeckungsreise gehen und dir einen ersten Eindruck über den Zustand und die Bereiche deines inneren Ortes verschaffen.

Das Krafttier und weitere Tiergeister

Jeanne erzählt:

Eine der ersten Reisen, die du am inneren Ort machst, ist die Reise zu deinem Krafttier, welches von diesem Zeitpunkt an ein fester Bestandteil deiner Reisen wird und ein Lehrer, Meister und Helfer für dich ist. Es schult dich in bestimmten Fähigkeiten, hilft dir, Dinge zu verwandeln, ist treuer Begleiter, Freund, Berater, Lehrer und Anleiter. Das Krafttier behütet und beschützt dich. Das Krafttier ist ein mächtiger Verbündeter in der inneren Welt. Es wählt dich, begleitet dich und lehrt die Meisterung bestimmter Kräfte. Es hilft dir in der Heilarbeit und steht dir bei vielen Herausforderungen zur Seite. In der Regel hat man ein Hauptkrafttier, ein Spirittier, und weitere Helfertiere für bestimmte Aufgaben und Angelegenheiten. Wenn wir mit unserem Krafttier kommunizieren, sollten wir auch immer fragen, ob wir etwas für das Tier oder für die Kraft des Tieres tun können. Wie jede Beziehung ist auch die Beziehung zum Krafttier ein Geben und ein Nehmen. Es wird uns führen und uns zeigen, was wir tun können. Wir sind zutiefst mit der Kraft dieses Tieres verbunden, und es ist ein großes Geschenk, einen solchen Tierverbündeten zu haben. Das Krafttier wählt sich uns aus und nicht umgekehrt. Es kann uns anfangs nicht gefallen, doch wenn wir darauf vertrauen, dass es jetzt gerade genau richtig ist, wer-

den wir immer tiefer in die Kraft eingeführt und erkennen, dass es genau zu uns passt. Das Krafttier treffen wir in der Unteren Welt. Es wird uns mitteilen, dass es unser Krafttier ist. Es zeigt sich uns von vielen Seiten und mehrmals. Wir spüren die Verbindung tief in unserer Seele. Manchmal verwandeln wir uns auch selbst in das Krafttier und können so seine Kraft noch tiefer erfahren. Das Krafttier ist der Schlüssel für die eigene Kraft, für erweiterte Fähigkeiten und Wahrnehmungen.

Es können andere Tiere für eine gewisse Zeit dazukommen und uns schulen. Wir können mehrere Tierbegleiter haben, und das eigene Krafttier kann auch einmal für eine Zeit in den Hintergrund treten, je nach Aufgabe, Wachstum, Umfeld usw.

Im Huna gibt es die Aumakua – die persönliche Spirit-Kraft –, die durch die Ahnen weitergegeben oder in die man eingeweiht wird, weil man zu einer bestimmten Tradition oder Linie gehört.

Weiterhin ist es wichtig, die Tiere und ihr Verhalten an deinem inneren Ort zu beobachten. Sie können uns vieles aufzeigen. Wenn in uns beispielsweise ein Ungleichgewicht besteht, kann in unserem inneren Garten eine Plage auftreten. Wir haben dann die Aufgabe, mithilfe unserer Spirits diese zu klären.

Tiere verkörpern unsere Instinkte, Kräfte und Fähigkeiten, die im Unterbewusstsein verankert sind. Wir können viel von ihnen lernen. Welche Tiere begegnen dir an deinem inneren Ort? Was zeigen sie dir? Was kannst du für sie tun?

Geister können auch in Tiergestalt des Weges kommen. Sage laut und deutlich zu ihnen: »Zeige mir dein wahres Gesicht.« Die Energie wird augenblicklich antworten und sich in das verwandeln, was sich hinter der Erscheinung verbirgt. So gibt es hier unzählige Möglichkeiten von Energiewahrnehmung und Wandlung.

Sabrina erzählt:

Vor vielen Jahren war ich auf einer Veranstaltung, bei der u. a. eine schamanische Reise angeboten wurde. Das interessierte mich, und ich nahm teil.

Wir begannen die Reise, indem wir uns einen Startplatz vorstellten und von diesem aus in die Untere Welt reisten, um unser Krafttier zu finden.

Es funktionierte wunderbar, ich kam in dieser Unteren Welt an, und auf der Wiese vor mir fand ich ein Bärenkind. Dieses Bärenkind und ich waren sofort in einem gemeinsamen Spiel vertieft. Mitten in diesem Spiel kam ein mir riesig erscheinender Adler vom Himmel und packte mich mit seinen Krallen am Rücken. Für einen Moment spürte ich höllische Schmerzen, dann war es vorbei. Wir flogen über die Landschaft hinweg. In der Ferne konnte ich ein großes Gewässer erkennen. Als wir hoch über diesem Wasser waren, ließ mich der Adler völlig unvermittelt fallen. Ich landete im Wasser, es war Salzwasser. Verzweifelt versuchte ich, wieder an die Oberfläche zu kommen. Immer dem Licht entgegen, das ich über mir sah. Mit letzter Kraft durchbrach ich die Oberfläche und atmete tief durch. Damals wusste ich noch nicht, dass ich in dieser Welt auch unter Wasser atmen kann. Ich sah mich um und erkannte, dass ich irgendwo in einem scheinbar unendlichen Meer gelandet war. Ich ließ mich treiben, schwamm auf den Klängen der Trommel. Eine größere Welle an meiner Seite ließ mich Wasser schlucken und ich sah einen Wal, der direkt auf mich zukam. Im nächsten Moment war ich in seinem Maul. Er schluckte mich nicht, ich musste mich auch nicht irgendwo festhalten. Ich stand einfach auf seiner riesigen, weichen Zunge. Ich konnte seinen Herzschlag hören und spüren. Es war auch keineswegs dunkel in seinem Maul. Ein seltsames Leuchten ging von ihm aus. Eine Zeit später spuckte mich dieser Wal auf eine kleine Insel. Eine Sandinsel mit einer einzelnen Palme. Solche Inseln hatte ich als

Kind immer gezeichnet – im Stil sehr minimalistisch. Na super, dachte ich bei mir – und immer noch wurde getrommelt. Nach einer Ewigkeit, wie mir schien, kam eine große Wasserschildkröte zu meiner Insel. Sie forderte mich auf, auf ihrem Rücken Platz zu nehmen. So schwamm sie mit mir wieder auf das offene Meer hinaus. Jedoch nicht weit. Schon nach kurzer Zeit konnte ich einen Küstenstreifen sehen, der mich an Alaska erinnerte. Dort war ich Jahre zuvor für einige Tage gewesen.

Als wir am Ufer ankamen, konnte ich sehen, dass dort ein Bär stand. Ein großer Bär. Je näher wir dem Ufer kamen, desto sicherer wusste ich, dass das »mein« Bärenkind war. Aber jetzt als erwachsener, großer Bär. Eine große Freude breitete sich in mir aus.

Als ich mich am Ufer bei der Schildkröte bedankt und verabschiedet hatte, begrüßte ich meinen Bären. Er war es tatsächlich. Es bliebe nicht mehr viel Zeit, vermittelte er mir, und wir hätten noch eine Aufgabe. So folgte ich ihm in den Wald, und er brachte mich zu einer Lichtung, die ich bereits kannte.

Das erste Mal hatte ich mich einige Jahre zuvor an diesem Ort in der Anderswelt befunden. Ich war zu dieser Zeit auf einem Reiki-Seminar gewesen. Die Seminarleiterin wollte an mir eine Übung demonstrieren. Dabei geriet ich in ein anderes Leben meines Selbst. So wurde es mir damals erklärt. Bei meinem ersten Besuch im Rahmen dieses Reiki-Seminares war es eine sehr ablehnende, feindliche Situation gewesen, die ich an diesem Ort erlebt hatte.

Als ich erkannte, wo ich war, erschrak ich im ersten Moment. Mein Bär beruhigte mich und forderte mich auf, weiterzugehen. Ich wusste, dass auf dieser Lichtung eine Frau lebte. Die Seminarleiterin hatte mir damals zu verstehen gegeben, dass diese Frau ein Teil von mir war. Aus einem anderen, einem früheren Leben, das für mein jetziges Leben wohl wichtig war.

Vorsichtig ging ich weiter. Wie beim letzten Mal kam die Frau gerade durch den Wald auf die Lichtung zu. Dort am Rand der Lichtung war eine Falltür im Boden. Dort lebte sie. Das hatte ich bei meinem letzten Besuch beobachtet.
Ich ging etwas schneller, ich wollte vor ihr auf der Lichtung sein. Als ich dort ankam, trat sie augenblicklich unter den Bäumen hervor. Sie schaute mich direkt an, und für einen Moment schien mein Herz stehen zu bleiben. Doch schon veränderte sich der Blick dieser Frau in ein offenes, herzliches Lächeln. Sie kam mit weit ausgebreiteten Armen auf mich zu. Verblüfft blieb ich stehen. Sie umarmte mich innig, und eine Welle der Liebe durchströmte mich. Aber auch Verstehen, Wissen und Erkennen breiteten sich in mir aus.

In diesem Moment erklang das vom Seminarleiter angekündigte Rückholsignal, und ich wurde in einen Luftwirbel gezogen. Einen Augenblick später befand ich mich wieder auf der Wiese, auf der ich zu Beginn meiner Reise angekommen war. Neben mir stand mein Bär, erwachsen, groß und stark. Ich verabschiedete mich und kehrte zurück in die alltägliche Welt.

Dort angekommen folgte ein Redekreis, bei dem alle Teilnehmer von ihren Reisen berichteten. Als ich an der Reihe war, begann ich zu erzählen. Meine Geschichte endete jedoch in dem Moment, als ich meinem erwachsenen Bären am Ufer des Meeres wieder begegnete. Ein inneres Gefühl, eine Stimme in mir, hinderte mich daran, mehr zu erzählen. Ich wusste zwar nicht, warum, aber ich folgte dieser Stimme.

Als ich mit meiner Erzählung fertig war, meinte der Seminarleiter: »Das hast du dir wahrscheinlich eingebildet, niemand bekommt auf seiner ersten Reise gleich 4 Krafttiere.«

Unerfahren, wie ich auf dem Gebiet des schamanischen Reisens war, entgegnete ich darauf nichts.

Ein gutes Jahr später befand ich mich auf einem privaten »Schamanentreffen«. Dort trafen sich vor allem Menschen, die für sich selbst schamanisch tätig waren oder die sich einfach für das Thema interessierten, so wie ich. Einige der Anwesenden jedoch praktizierten auf unterschiedliche Art und Weise schon seit vielen Jahren ernsthaft schamanisch. Mit einem von ihnen kam ich in ein intensives Gespräch.
Inzwischen hatte ich mich im schamanischen Reisen geübt und einen guten Kontakt zu meinem Bärenverbündeten entwickelt. Es stellte sich heraus, dass der Adler, der Wal und die Schildkröte nur für diese Reise gekommen waren. Sie standen für unterschiedliche Lebensabschnitte, das hatten sie mir auf weiteren Reisen erklärt. Was ich aber bisher noch nicht verstand, war die Begegnung auf der Lichtung. Ich konnte an diesen Ort zwar immer noch reisen, doch die Frau hatte ich nie wieder angetroffen. Aus Respekt vor ihr öffnete ich auch die Falltür im Boden nie. All das erzählte ich meinem Gesprächspartner.
Als ich endete, lachte er auf. Es war ein gutmütiges Lachen, ein wohlwollendes. Dann sagte er: »Ich gratuliere dir! Ich habe selten eine so schöne Beschreibung einer Seelenrückholung gehört wie deine eben.« Er zwinkerte mir zu und entzündete sich seine Pfeife neu. Hatte ich bisher gedacht, eine Seelenrückholung könne nur von jemand anderem gemacht werden, so erklärte er mir nun, dass es dafür auch noch andere Möglichkeiten gäbe – wie ich ja wohl selbst erlebt hätte.

Auf einer meiner nächsten Reisen besuchte ich die Lichtung. Diesmal wagte ich mich zur Falltür und öffnete sie. Es zog mich magisch über die kleine Treppe nach unten. Ich stand in einem

Raum, der angefüllt war mit Kräutern, Wurzeln, Tüchern und allerlei anderen Dingen und ich fühlte mich sofort zu Hause. Ich wusste, was sich wo befand, und ich erkannte die Kräuter, obwohl ich sie zum Teil noch nie gesehen hatte. Ich spürte, dass die Frau tatsächlich ein Teil von mir war. Ich erinnerte mich. Diese Lichtung ist heute ein Teil meines Seelengartens.

Mit dieser Erzählung möchte ich dich ermutigen, auf deine eigene Stimme zu hören und den Dingen selbst auf den Grund zu gehen. Sie soll dir auch zeigen, dass manche Reisen erst nach einiger Zeit Sinn ergeben. Du wirst in dir spüren, welches dein Weg ist.

Der Geistführer / Die Geistführerin

Jeanne erzählt:

Dein Geistführer lebt an einem besonderen Ort in deinem Inneren. Er schenkt seine Liebe vollkommen und bedingungslos. Du kannst darum bitten, dass sein Licht aufleuchtet. Der Kontakt mit einem wirklichen Geistführer löst ausnahmslos Wohlgefühle, Vertrauen, Geborgenheit, Liebe und eine starke Anziehung aus. Reise in die Obere Welt, und lasse dich zu deiner geistigen Führung bringen. Deine geistige Führung kann ein Heiliger, ein Meister oder eine Meisterin oder jemand aus einer anderen Tradition sein, mit dem sich deine Seele zutiefst verbunden fühlt, z. B. ein alter weiser Indianer, eine Inderin, ein Chinese, ein Maori, ein Kahuna, ein Engelwesen, oder auch Buddha, Jesus oder Maria Magdalena. Akzeptiere, wer sich dir zeigt. Sie sind die besten Freunde und Begleiter und halten auch so manche Lektion bereit. Um uns diese Lektionen zu vermitteln, können sie uns zu anderen Orten führen, uns neue Horizonte, Ebenen und Dimensionen eröffnen. Sie werden uns jederzeit zur Seite stehen und uns bei allen erdenklichen Herausforderungen der inneren Welt helfen. Wenn die geistige Führung wechselt, so ist es, als ob ein guter Freund dich verlässt. Ich habe damals sehr getrauert, als meine alte Indianerin sich verabschiedet hat und ein neues Geistwesen kam – doch für meine neue Aufgabe war es genau richtig.

Hier eine Möglichkeit, um mit dem Geistführer oder der Geistführerin Kontakt aufzunehmen:

Schaffe dir einen Raum, in dem du dich wohlfühlst, schließe deine Augen, und nimm ein paar tiefe Atemzüge. Begib dich, so, wie du es gelernt hast, an deinen inneren Ort.

Öffne deine Sinne, und betritt dein Zentrum, richte dich aus. Verbinde dich mit der Oberen Welt, und bitte ein Wesen der Oberen Welt, dich zu begleiten. Es kann sein, dass du in einem Lichtaufzug nach oben gezogen, von einem Engel nach oben getragen, auf einer Bohnenranke oben abgesetzt, in einer Lichtspirale oder vom Wind hochgetragen wirst. Ebenso kann dich dein Krafttier in die Obere Welt bringen, es gibt viele Möglichkeiten.

Oben angekommen gibt es einen Ruck. Du weißt, dass du nun da bist. Du schaust dich in der Oberen Welt um. Alles leuchtet und strahlt irisierend, feinstofflich fein. Hier gibt es Farben, die dein Auge noch nicht erblickt hat, Formen in den heiligsten Geometrien. Du folgst dem Weg bis zu dem Ort, an dem dein Geistführer auf dich wartet. Das kann eine Lichtstätte sein, eine Tempelanlage o. Ä.

Dein Geistführer nennt seinen Namen. Du hast nun die Möglichkeit, Zeit mit ihm zu verbringen. Er begleitet und schult dich ab jetzt. Es kann sein, dass er dir eine Aufgabe gibt.

Er begleitet dich zurück in dein Zentrum, an deinen inneren Ort, und zeigt dir dort eine Stelle, an der du ihn treffen oder aufsuchen kannst. Du spürst den Segen an deinem inneren Ort. Es ist deine Aufgabe, dich zu bestimmten Zeiten immer wieder mit deinem Geistführer in Verbindung zu setzten, dich lehren und unterrichten zu lassen.

Notiere alles, was du erlebst, und führe aus, was dir gesagt wird.

Der innere Heiler/Die innere Heilerin

Jeanne erzählt:

Jeder von uns hat Heilkräfte in sich. Der innere Heiler wohnt in einem weiteren Bereich des inneren Gartens. Es gibt eine Kraft in uns, die alle Körpervorgänge steuert und uns von einem Kleinkind zu einem erwachsenen Menschen werden lässt, ohne dass wir etwas dafür tun müssen. Eine Kraft, die all unsere Wunden und Verletzungen versorgt und mit der Heilung beginnt. Der innere Arzt, der innere Heiler, die innere Heilerin sind Sinnbild dafür.

Sie sind ein fester Bestandteil des inneren Gartens, und wir können sie jederzeit dort aufsuchen. Sie sind mit der Oberen und Unteren Welt verbunden und können im Wald eine Hütte haben, auf dem Berg eine Einsiedelei, einen kleinen Heiltempel oder ihr eigenes Alchemielabor. Sie können uns an jede Stelle unseres Körpers führen, um mit uns zu arbeiten und zu wirken. Auch hier gibt es sehr viele Wege.

Hier eine Möglichkeit, um mit dem inneren Heiler oder der inneren Heilerin Kontakt aufzunehmen:

Schaffe dir einen Raum, in dem du dich wohlfühlst, schließe deine Augen, und nimm ein paar tiefe Atemzüge. Begib dich, so, wie du es gelernt hast, an deinen inneren Ort.

Öffne deine Sinne und betritt dein Zentrum, richte dich aus. Bitte dein Krafttier, deinen Gärtner oder einen anderen Spirit, dich nun zu deinem inneren Heiler zu bringen.

Von deiner Mitte aus öffnet sich ein Pfad, und du wanderst den Pfad entlang zu der Wohnstätte deines inneren Heilers.

Anmerkung: Als Heiler können Menschen auftauchen, die in der Alltagswelt deine Lehrer in Sachen Heilung sind oder waren, z. B. der Medizinmann, bei dem du gelernt hast. Auch sie sind in erster Linie spirituelle Wesen, die eine menschliche Erfahrung machen und uns auf der geistigen Seite anleiten können, da sie ein Bewusstsein entwickelt haben, das auch in diesem Bereich tätig werden kann.

Nimm dir Zeit, deinem Heiler Fragen zu stellen, dich führen zu lassen, dich umzuschauen. Wenn dein innerer Heiler dir deutliche Anweisungen und Impulse gibt, befolge sie. Das Interessante ist, dass man sich hinterher viel besser fühlt und bestimmte Symptome ganz verschwinden können, wenn so etwas geschieht.

Anmerkung: Hier können unglaubliche Dinge passieren, über die man sich zuerst wundert oder sich erschreckt. Die Haut wird abgezogen, gewaschen und gekocht, man wird auseinandergenommen und wieder zusammengesetzt, etwas wird aus einem herausgezogen, oder man wird Teil einer Zeremonie, die man nicht versteht.

Vertraue dem Prozess. Besuche deinen inneren Heiler, sooft es dir möglich ist.

Eine der schönsten und bekanntesten Geschichten eines geistigen Heilers ist die Geschichte von Erzengel Raphael (sein Name bedeutet »Gott heilt«) aus dem Buch Tobias, die ich hier kurz mit eigenen Worten wiedergeben möchte.

Erzengel Raphael erschien an der Seite von Tobias, um ihn zu begleiten. Nach einiger Zeit wurde Tobias von einem Fisch angegriffen und Raphael wies ihn an, den Fisch zu fangen, die inneren Organe zu entnehmen und diese aufzuheben. Tobias erfuhr daraufhin, dass auf seiner Auserwählten, Sarah, ein Fluch lastete. Raphael gab Tobias genaue Anweisungen, wie er den Dämon mithilfe der aufbewahrten Organe vertreiben könne, was ihm anschließend auch gelang. Weiter half Raphael dem Vater von Tobias, das Augenlicht wiederzuerlangen. Die Anweisungen muteten sich zwar komisch an, sie halfen jedoch und bewirkten Heilung, Glück und Freude.

Pflanzen und Pflanzenverbündete

Jeanne erzählt:

> Jede Pflanze ist ein eigenes Wesen.
> Ein Geist in Licht und Form gewebt,
> durchdrungen, lebendig und mit Lebenskraft,
> die im innersten Sein wirkt und schafft.
> Mächtig und stark im zarten Sein,
> lass dich nicht täuschen vom äußeren Schein.
> Lass dich führen, erkenne das Licht,
> das große Volk der Pflanzen spricht.

Was wächst an deinem inneren Ort? Was willst du säen, damit du es ernten kannst? Wie sind die Beete, wie ist der Boden beschaffen, welche Pflanzen sind vorwiegend in deinem inneren Raum?

Beachte das Wurzelwerk der Pflanzen, den Geruch der Erde, auf der sie gedeihen, die Samen, die Blüten, die Früchte und den gesamten Kreislauf und Zyklus. Du kannst dich zu deinen Pflanzenverbündeten bringen lassen, mit ihnen kommunizieren, ihr innerstes Wesen erkennen und das entdecken, was sie uns schenken. Pflanzen sind die wichtigsten Verbündeten der Schamanen, da sie starke Heilkräfte in sich tragen und die Weisheit der Natur (auch unserer Natur) offenbaren. Oftmals brauchen wir für eine Heilung nicht den materiellen Teil der Pflanze, da der Pflanzengeist selbst erstaunliche Wirkungen in uns vollbringt. Mit Pflanzen zu arbeiten, schenkt uns großen Respekt und Hochachtung vor der Schöpfung und ihrer Vielfalt. Mit den Pflanzen zu wirken, ist ein sehr umfangreiches Unterfangen. Pflanzen können symbolisch für Kräfte stehen, z. B. Rosen für die Liebe, Bäume für Stabilität und Verbundenheit mit Himmel und Erde, Lilien für Engel usw. Je mehr wir mit ihnen wirken, desto mehr werden wir in die Analogien, in die heilige Geometrie, die Urmuster und die Symbolik der Schöpfung eingeführt. Du kannst in deinem inneren Garten Beete anlegen, Wünsche säen, pflegen und gießen, die Felder bestellen, Unkraut jäten und vieles mehr. Du kannst auch einen Gärtner aus den Naturreichen bitten, dir behilflich zu sein. Pflanze, was du ernten möchtest.

Hier eine Möglichkeit, um mit einer Pflanze Kontakt aufzunehmen:

Schaffe dir einen Raum, in dem du dich wohlfühlst, schließe deine Augen und nimm ein paar tiefe Atemzüge. Begib dich, so, wie du es gelernt hast, an deinen inneren Ort.

Öffne deine Sinne, und betritt dein Zentrum, richte dich aus. Bitte nun deinen Pflanzenverbündeten, zu erscheinen.

Folge dem ersten Impuls. Schaue, was dir in den Sinn kommt, was auftaucht.

Nimm so viele Details wie möglich wahr, und verweile mit der Pflanze, bis du ganz mit ihr in Kontakt stehst. Farbe, Geruch, Geschmack, Form, Elemente, Boden, Klang (jede Pflanze hat ihren eigenen Klang), Muster – alles ist wichtig und kann dich etwas lehren.

Du kannst mit der Pflanze verschmelzen, sie um eine Botschaft oder darum bitten, dir ihr innerstes Wesen zu offenbaren. Du kannst mit ihr kommunizieren.

Danke ihr für alles, was du durch sie gelernt und erfahren hast. Frage, ob du etwas für deine Pflanze tun kannst.

Löse dich wieder. Kehre aus der inneren in die äußere Welt zurück.

Man kann mit den Pflanzen und Bäumen über den inneren Garten in Kontakt treten oder über den äußeren Garten, die Wildnis, die Natur, die dich umgibt. Hier ein Beispiel für eine Kontaktaufnahme in unserer Alltagswelt:

Nimm dir Zeit, und setze dich neben die Pflanze, mit der du kommunizieren möchtest.

Betrachte sie. Berühre sie. Rieche an ihr. Bewundere sie und ihre Farbe, ihre Form, ihr Muster. Fühle ihren Stiel, ihre Blüten, ihre Früchte, ihre Samen, ihre Wurzeln. Nimm so viele Details wie möglich wahr. Sei einfach ganz mit und bei ihr.

Halte Ausschau nach einem Eintrittspunkt. Nach einem »Auge« oder einem »Tor«, in das du eintreten kannst.

Wenn du bereit bist, mit ihr zu kommunizieren, schließe deine Augen.

Fühle, wie sie sich anfühlt. Spüre ihre Schwingung, ihren Klang, ihren Geschmack, ihr Muster, ihren Ton in deinem Inneren.

Begib dich an deinen Eintrittspunkt. Verschmilz mit der Pflanze, und tritt in ihr Innerstes ein. Lasse dich führen, und nimm Kontakt mit ihrem innersten Wesen auf, lerne sie bis in die tiefsten Wurzelschichten kennen.

Anmerkung: Wir können viel von Pflanzen über Heilwirkungen, Kräfte, Verbindungen und Anwendungen lernen. Notiere dir alle deine Erfahrungen.

Auf diese Weise haben die Naturvölker viel über die Medizin und Heilwirkung von Pflanzen erfahren. Wähle eine Pflanze, die du nicht kennst. Kommuniziere mit ihr. Lass dir alles zeigen. Lies später über diese Pflanze nach – du wirst dich wundern! Die Apotheke Gottes ist großartig. Zu Beginn eines Jahres frage ich jeweils das Pflanzenreich, welche Pflanze mich durch das Jahr begleiten wird. Diese Pflanze unterstützt mich das gesamte Jahr über. Ich gewinne erstaunliche Erkenntnisse, und diese Erfahrung bleibt für immer in meinem Herzen, ohne dass ich ein Buch dazu brauche.

Naturwesen, Feen, Elfen, Zwerge, Drachen, Einhörner

Jeanne erzählt:

Alle diese Wesen können wertvolle Verbündete, Hüter der inneren Plätze und treue Freunde und Wegbegleiter werden, die so manche Aufgaben und Prüfungen für uns bereithalten. Wenn wir mit den Naturwesen in Verbindung treten, sollten wir auch immer fragen, was wir für sie tun können, um der Natur etwas zurückzugeben. Nicht nur in der geistigen Arbeit, sondern auch in der alltäglichen Wirklichkeit. Sie lieben Brot, Wasser, Schnaps, Marmelade … Wir bekommen von ihnen etwas und geben von dem zurück, was wir daraus gemacht haben. So sind die großen und kleinen Kreisläufe des Lebens. So wie mit den Pflanzenverbündeten, können wir auch mit den Naturwesen an allen Plätzen und Orten kommunizieren.

Hier eine Möglichkeit, um mit den Naturhütern Kontakt aufzunehmen:

Bevor du ein Gebiet betrittst, kannst du dir einen schönen Platz suchen und den Ort einfach wahrnehmen.

Lasse deine Blicke schweifen. Nimm so viele Details wie möglich über all deine Sinne wahr. Wie fühlt sich der Platz an? Welche Energien nimmst du wahr? Welche Klänge, Muster, Farben und Formen kannst du erkennen? Was ist besonders auffällig? Wo zieht es dich hin? Lasse den Platz zuerst äußerlich und dann innerlich auf dich wirken.

Bitte den Hüter des Ortes zu erscheinen. Jeder Ort hat seinen Hüter. Tritt mit ihm über die innere Ebene in Kontakt, stelle dich vor, und erläutere dein Anliegen. Lasse dich von ihm führen. Lausche ihm, höre ihm zu, und frage abschließend, ob du etwas für ihn und den Platz tun kannst.

Frage ihn auch, ob er Geschenke möchte. Vielleicht sagt dir der Hüter, dass er einen Schluck Wasser da und dort haben möchte, oder dass du etwas Müll einsammeln solltest. Lege nicht einfach gedankenlos irgendetwas für ihn hin. Tritt in Kontakt, spüre nach. Denke daran, wie du von Menschen behandelt werden möchtest, die dein Haus betreten. Es ist nicht jedes Geschenk angenehm oder angemessen.

Plätze öffnen sich ganz anders, wenn wir sie mit Wertschätzung und Achtsamkeit betreten.

Sabrina ergänzt:

Oft sagen mir die Menschen dann: »Ja, aber ich habe doch nicht immer ein Geschenk dabei, wenn ich in der Natur unterwegs bin!« Doch! Dich selbst! Ein Haar von dir kann ein solches Geschenk sein, ebenso ein Lied, ein Stück von deinem Fingernagel, ein Moment der aufrichtigen Dankbarkeit und noch so vieles mehr – Kreativität ist gefragt!

Jeanne und Sabrina:

Hast du nun auf deinen Erkundungstouren deinen Verbündeten und Begleiter kennengelernt, ist es an der Zeit, den Seelengarten zu erkunden. Im folgenden Kapitel stellen wir dir mehrere Möglichkeiten vor, nach und nach verschiedenste Bereiche eines möglichen inneren Gartens zu entdecken und zu erforschen.

Erkundung des inneren Gartens

Mache es dir bequem, schließe deine Augen, und entspanne dich. Nimm nun ein paar tiefe Atemzüge. Begib dich dann zu deinem Eingang in deinen inneren Garten. Wenn du angekommen bist, bewege dich deinem Wesen und deinem Seelengarten entsprechend in der Umgebung, in der du bist. Es kann ja auch ein Riff o. Ä. sein – selbstverständlich kannst du unter Wasser atmen, versuche es, vertraue auf deine Kraft!

Öffne nun deine Sinne! Es bleibt dir selbst überlassen, welche Dinge du wahrnimmst. Lasse dich von deiner inneren Stimme führen, sie zeigt dir den Weg in deine Mitte. Die hier in Klammern aufgeführten Dinge sind nur Beispiele.

Höre (den Wind, das Rascheln der Blätter, das Plätschern von Wasser)

Rieche (die Erde, das Wasser, eine Blüte)

Schmecke (eine Frucht, ein Kraut, das Wasser)

Fühle, berühre (ein Blütenblatt, die Erde, den Weg unter deinen Füßen, die Energie, die dich umgibt)

Sieh (den Weg, die Dinge am Wegesrand, einen Baum)

Gehe in deine Mitte, und richte dich aus. Bitte deinen Spirit zu erscheinen (den Gärtner, ein Naturwesen, Engel, dein Krafttier).

Gehe nun in deinem inneren Garten auf Erkundungsreise. Finde heraus, welche Pflanzen dort wachsen, wie es ihnen geht und in welcher Erde sie stehen. Stelle fest, ob sie genug Wasser haben und ob der Garten gut geplant ist.

Wie steht es um die einzelnen Elemente (Feuer, Wasser, Erde, Luft) in deinem inneren Raum? Sind sie alle in ausreichender und harmonisch aufeinander abgestimmter Menge vorhanden?

Nimm dort einfach alles, was für dich von Interesse ist, zur Kenntnis.

Du kannst jetzt deinen Garten auf alle Arten nutzen, die dir geläufig sind.

Beachte die Energie, die einzelnen Bereiche, die Pfade und Wege, und lasse dich beraten und führen.

Du kannst z. B. ein Beet in Ordnung bringen, Pfade und Wege anlegen, die deinen inneren Raum mit anderen Reichen verbinden und neue Bereiche erkunden.

Welche Tiere findest du in deinem inneren Garten?

Du kannst auch über die Landschaft fliegen (z. B. mit einem Adler oder einem anderen Vogel), oder mit einem Delfin um die Insel schwimmen, um dir einen Überblick zu verschaffen.

Wenn du wieder an deinem Zentrum, deinem Fixpunkt angelangt bist, bedanke dich für all die Erkenntnisse. Baue eine starke, positive Emotion auf.

Verabschiede dich, und kehre von der inneren in die äußere Welt zurück.

Kehre in das Gefühl deines physischen Körpers zurück.

Atme jetzt tief durch, und öffne dann die Augen.

Anmerkung: Notiere dir alles genau in deinem Tagebuch. Mit jeder Reise an deinen inneren Ort lernst du mehr und mehr davon kennen.

Verschiedene uns bekannte Bereiche des inneren Ortes

Der innere Ort kann ganz verschiedene Bereiche haben. Diese können sich im Laufe der Zeit weiter ausbilden, verändern, neu entstehen usw. So können wir einen Ort der Reinigung, einen Ort der Begegnung, einen Ort der Visionen, der Heilung, der Freundschaft, Eingänge und Plätze in die Untere und in die Obere Welt und vieles mehr entdecken. Die verschiedenen Orte können verschiedene Aufgaben für uns bereithalten. Wichtig ist, dass man sich an seinem inneren Ort eingehend umschaut und die Plätze für sich definiert und aufschreibt. Jeder von uns kann eine Landkarte seines inneren Ortes entwerfen. Der innere Ort spiegelt uns. Wir lernen uns dadurch selbst besser kennen und staunen über das, was wir alles entdecken können. Wir können verschiedene Kräfte an unserem inneren Ort prüfen und gegebenenfalls ins Gleichgewicht bringen, verändern oder stärken.

Die Elemente

Jeanne und Sabrina:
Wie zeigen sich Feuer, Wasser, Luft, Erde und Äther an deinem inneren Ort? Wie zeigen sich Steine, Tiere, Pflanzen und Menschen?
Wenn wir unser Krafttier gefunden haben, erkunden wir zunächst die Elemente, indem wir Kontakt aufnehmen mit dem Spirit des Feuers, dem Spirit des Wassers, dem Spirit der Erde, dem Spirit der

Luft, den Pflanzen und Naturgeistern, den Steinhütern und den geistigen Welten.

Es ist empfehlenswert, mit jedem einzelnen Element Kontakt aufzunehmen und sich in die Reiche der Elemente tragen zu lassen und ihr Wirken kennenzulernen. Verankere alle Elemente an deinem inneren Ort, gib ihnen einen Platz, und erfahre eine deutliche Veränderung der Energie in dir und in deinem Leben. Erfahre ein neues Gleichgewicht!

Beispiel für eine Elementereise (Feuer) von Jeanne:

Es gibt in allen Kulturen Feuerplätze und Spirits des Feuers. Feuerplätze sind z. B. Vulkane, trockene heiße Zonen, Wüsten usw. Es gibt in jeder Ebene und Dimension Feuerwesen und Hüter des Feuers, die man aufsuchen kann – von Elementarwesen bis hin zu Gottheiten, je nachdem in welcher Tradition man gelernt hat, mit welchem Feld man verbunden ist und wo man sich wirklich zu Hause fühlt. Die Elementarwesen sind z. B. die Salamander. Ein Wesen höherer Ordnung ist z. B. Erzengel Uriel (das Feuer Gottes). Gottheiten des Feuers sind Agni, Pele, Kali und viele mehr. Als Beispiel wähle ich jetzt Pele, die Göttin des Feuers. Ihr Reich befindet sich im größten Vulkan der Erde, im Mauna Loa auf Hawaii. Viele mythologische Geschichten ranken sich um Pele, und ihr Geist ist an diesem Ort deutlich fühlbar. Mit ihrer Hilfe verbinden wir uns jetzt mit dem Element Feuer.

Reise in das Reich von Pele – Element Feuer:

Schaffe dir einen Raum, in dem du dich wohlfühlst, schließe deine Augen und nimm ein paar tiefe Atemzüge. Begib dich, so, wie du es gelernt hast, an deinen inneren Ort.

Öffne deine Sinne, und betritt dein Zentrum, richte dich aus und bitte einen Spirit zu erscheinen. Du kannst dich auch an deinem Ort in ein x-beliebiges Tier verwandeln, irgendein Tier, das dir in den Sinn kommt und dessen innere Kräfte dich führen.

Aus deinem Zentrum öffnet sich ein Pfad, du folgst diesem Pfad und kommst in Peles Reich. Sie hat ihren Sitz im Vulkan, doch kann sie auch in allen anderen Arten des Feuers erscheinen, da sie der bzw. ein »Spirit des Feuers« ist.

Du bist nun an einem Ort, an dem alle möglichen Formen des Feuers zu finden sind. Fühle die Form, die Energie, das Muster des Feuers. Erkunde diesen Ort.

Wenn du den Spirit – in diesem Fall Pele – gefunden hast, begrüße sie mit angemessenem Respekt, und trage dein Anliegen vor. Du kannst ihr ein Geschenk aus deinem Herzen darbieten. Frage sie, ob sie einen Rat für dich hat. Manchmal gibt es auch eine Feuerprobe, der du unterzogen wirst, oder eine Einweihung in das Feuer.

Bitte Pele um ein Geschenk. Sie überreicht es dir in irgendeiner Form. Bedanke dich, und begib dich auf den Pfad, auf dem du gekommen bist, zurück. Du spürst, wie der Pfad sich wieder vollkommen auflöst. Du bist wieder in deinem Zentrum.

Du verankerst das Geschenk an deinem inneren Ort und schaust, wie er durch das Geschenk verwandelt wird.

Kehre zurück in deine übliche Gestalt, bedanke dich bei deinem Spirit, und komme aus dem inneren in den äußeren Raum zurück.

Anmerkung: So kannst du die Reise zu den anderen Elementen ebenfalls machen und alle Elemente an deinem inneren Ort ins Gleichgewicht bringen.

Beispiel für eine Elementereise (Wasser) von Sabrina:

Begib dich sehr früh am Morgen an einen See oder Teich, in dem du baden kannst. Je natürlicher deine Umgebung, desto besser. Wichtig dabei ist, dass du so weit wie möglich in relativ flachem Wasser gehen kannst. Gut ist es auch, einen Begleiter dabeizuhaben, der für dich trommelt.

Anmerkung: Die ideale Zeit ist noch vor Sonnenaufgang. Bereite dich auf deine eigene Art und Weise vor (z. B. mit einer Atemübung, mit Räucherwerk oder was dir sonst hilft, dich zu zentrieren).

Entkleide dich so weit, wie du dich wohlfühlst (nimm Badesachen mit). Wenn du bereit bist, gehe einen Schritt in das Wasser. Bitte deine Verbündeten zu dir. Bleibe stehen, und fühle in dich hinein. Wenn deine Füße sich wie das Wasser anfühlen, gehst du einen Schritt weiter.

Öffne dich ganz bewusst dem Element Wasser, und bitte darum, zur Essenz dieses Elementes geführt zu werden. Bitte darum, dass sich dein Verbündeter aus diesem Element zeigt.

Mit dieser Absicht gehst du Schritt für Schritt weiter.

Das Wasser steigt dabei höher:

Bis zu deinen Knien.
Bis zur Hüfte.
Bis zum Bauchnabel.
Bis kurz unterhalb der Brust.
Bis zum Hals.

Immer dann, wenn sich ein Teil deines Körpers wie Wasser anfühlt, gehst du weiter. Wenn du bis zum Hals im Wasser stehst, tauche 3 x mit deinem Kopf unter, und gib dich dem Wasser hin.

Wenn du Nichtschwimmer bist oder aus anderen Gründen nicht in tiefes Wasser gehen magst, kannst du diese Übung dennoch machen. Gehe einfach bis zu den Knien ins Wasser (oder soweit, wie es sich für dich gut anfühlt), dann kannst du dich hinknien und in der Folge auch hinlegen. Es geht nur um die Hingabe an das Element.

Zeigt sich dein Wasserverbündeter, so frage ihn nach seinem Namen.

Höre auf das, was er dir erzählt, schaue ihn dir genau an. Er zeigt dir auch etwas über den Wasserhaushalt deines Körpers.

Vielleicht nimmt er dich mit auf eine Reise in seine Welt. Lasse dich vom Wasser tragen, und spüre die seidig sanfte Umarmung dieses Elements.

Schreibe dir alle deine Erfahrungen genau auf, wie nach jeder Reise, die du machst.

Anmerkung: Finde nun für dich selbst heraus, wie du auch die anderen Elemente kennenlernen kannst: Kennst du eine Höhle oder eine Hochfläche in deiner Gegend? Einen tiefen Wald mit alten Bäumen? Hast du einen Platz, an dem du ein Feuer machen kannst? Oder die Möglichkeit, eine Schwitzhütte zu besuchen? Wo könnte in deiner Gegend ein Flugplatz sein? Lasse dich von deinen Verbündeten führen, im Innen wie im Außen. Du wirst genau die Plätze finden, die für dich die richtigen sind.

Ungeheuer, beängstigende Gestalten, Elementale

Jeanne erzählt:
Unsere tief sitzenden Ängste und andere, sich aus dieser Grundemotion ergebenden Gefühle (wie Zorn, Neid, Eifersucht), können sich an unserem inneren Ort symbolisch in verschiedenen Formen, wie z. B. als Dämonen oder Plagen zeigen. Beobachte diese gemeinsam mit deinen Spirits, finde heraus, was zu tun ist, damit du diese negativen Emotionen in der inneren Welt überwinden, bezähmen, wandeln oder auflösen kannst. Es gibt unzählige Wege und Möglichkeiten, diese zu wandeln. Bringe diesen Albtraum zu einem guten Ende, sodass er sich wandeln kann, bleibe so lange und ausdauernd bei diesem Thema, bis es sich endgültig in dir aufgelöst und ein gutes strahlendes Ende genommen hat. Transformiere diese Emotionen in positive und befreiende Möglichkeiten zu deinem und zum Wohl des großen Ganzen. Erkenne die Lektion und die lehrende Aufgabe dahinter.

Sabrina ergänzt:
Zeigen sich auf einer deiner Reisen Elementale im Bereich deines Lebensumfeldes, so kannst du auch in der alltäglichen Welt ganz gezielt darauf reagieren. Eine Möglichkeit ist zu räuchern. Entweder bekommst du von deinen Verbündeten auf Nachfrage eine klare Ansage, welche Räucherstoffe du verwenden sollst, oder du greifst zu altbewährten Mitteln wie z. B. Chili, Teufelsdreck, Drachenblutharz (immer ganze Stücke verwenden, da Drachenblut in Pulverform meistens mit anderen Stoffen gestreckt ist), weißer Copal, weißer Salbei, Beifuß und Wacholder.

Wege und Brücken

Jeanne erzählt:

Als Nächstes kannst du dir die Wege und Brücken an deinem inneren Ort anschauen. Welche Wege kannst du an deinem inneren Ort finden und wo führen sie hin? Welche Wege möchtest du anlegen, welche Wege möchtest du auflösen? Welche Brücken möchtest du bauen, welche möchtest du auflösen? Wir können ganz neue Wege in neue Bereiche anlegen und alte Wege, die uns nicht mehr dienen, auflösen. Wenn du deinen inneren Ort aufsuchst, folge den Wegen. Schaue, wohin sie führen und mit wem oder was sie verbunden sind. Deine Spirits werden dich unterstützen.

Mauern und Grenzen

Jeanne erzählt:

Es gibt keine Grenzen. Alles ist möglich. Gesunde Grenzen sind Grenzen, die sich gut und flexibel anfühlen. Beachte die Mauern, Grenzen und Grenzsteine. Schaue, was sich hinter den Mauern verbirgt. Mauern und Grenzen stehen für deine Abgrenzung gegenüber der Welt und ihren Forderungen, aber auch für deine eigene, innere Begrenzung. Du kannst sie verändern und verschieben. Wie sehen deine Grenzen in Beziehungen aus? Wo sind Grenzen eingerissen oder wo wurden sie überschritten? Wo brauchst du Grenzen, wo brauchst du mehr Weite und »Grenzenlosigkeit«?

Gebäude

Jeanne erzählt:

Im inneren Garten können verschiedene Gebäude auftauchen. Holzhütten im Wald, Labore, Tempel, Einweihungsstätten, Schulungsräume, Höhlen, Licht- und Schwingungsräume.

Je nachdem, was für dich ansteht, können Gebäude im inneren Garten für längere Zeit plötzlich auftauchen, aber auch wieder verschwinden. Sie geben Hinweise auf zukünftige Aufgaben und Bestimmungen und dienen der Vorbereitung auf Neues. Es sind deine inneren Schulungsstätten. Bleibe kontinuierlich und ausdauernd auf deinem Weg, notiere dir deine Erfahrungen. Wir werden auf alles, was in unserem Leben ansteht, vorbereitet.

Orte und Gegenden

Jeanne und Sabrina:

Im Folgenden geben wir dir einige Beschreibungen von Plätzen und inneren Orten sowie dem, was dort geschehen kann. Dies ist allerdings nur Auswahl. Neben den folgenden Orten kann es noch andere geben, wie den Ort des Erfolgs, den Tempel der Einweihung, das Schulungszentrum, den Platz der Balance, den Platz des Feierns und viele weitere.

Ort der Reinigung

Jeanne erzählt:

Dies kann ein Wasserfall, eine Quelle, ein See, ein Bach oder ein reinigendes Feuer in verschiedenen Farben sein. In all diese Dinge begibt man sich hinein, um seine Energie zu reinigen. Besonders vor und nach Heilsitzungen oder Einweihungen. An dem Ort der Reinigung kannst du dir auch das Gewebe deines Lebens anschauen, die AKA-Fäden.

Wenn wir geboren werden, so bilden sich überall Energieverbindungen. Die erste und stärkste Energieverbindung ist die Nabelschnur. Je öfter wir mit jemandem zusammen sind, desto stärker sind die Aka-Fäden.

Sie können sich sehr unterschiedlich anfühlen, weich und biegsam, hart wie Stahl, verknotet und verstrickt, strahlend, fließend, rostig, schwarz usw. Durch diese Fäden sind und bleiben wir mit allem verbunden, was uns jemals begegnet ist. Je emotionaler unser Zugang zu einer bestimmten Sache oder Person, desto stärker sind die Aka-Fäden.

In jedem Leben kommt einmal die Zeit, wo wir für uns und unser Leben 100 % Verantwortung übernehmen sollten. In dieser Zeit beginnen wir zu rekapitulieren, d. h., wir ziehen unsere Energie aus allen Erfahrungen zurück bzw. lösen die Energie auf.

Die Erfahrung bleibt Bestandteil unseres Lebens, jedoch hat sie keine Kraft mehr, da die Energie, die an sie gebunden war, gelöscht ist. Es gibt viele Möglichkeiten, zu rekapitulieren und seine Energieverbindungen zurückzuziehen.

In allen Traditionen finden sich schamanische Techniken, die manchmal über Monate ausgeführt werden, um die Energie zu befreien, die dann für den gegenwärtigen Moment zur Verfügung steht. Solange Energie in alten Erlebnissen gespeichert ist, wird uns dieses alte Erlebnis bewusst oder unbewusst immer rufen und Energie kosten, bis wir hinschauen und die Energie durch Betrachtung, Vergebung und Rekapitulation auflösen.

Sabrina erzählt:

Meine Schüler kennen diesen Ort auch als Kraftplatz in ihrer schamanischen Welt. An diesem Kraftort finden sie alle 4 Elemente vor. Es gibt die Möglichkeit, sich zu waschen oder zu baden, es ist eine Feuerstelle vorhanden, die groß genug ist, sich hineinzustellen, es gibt eine Höhle o. Ä., in die sie sich legen können, und es weht ein klärender, kräftiger Wind.

An diesen Ort können sie jederzeit gehen, um sich selbst wieder auszurichten, sich zu reinigen oder Kraft zu tanken. An diesen Ort gehen sie aber auch nach schamanischen Sitzungen, um eventuelle Anhaftungen loszuwerden. Ebenso können sie über diesen Kraftort und die Elemente, die dort vorhanden sind, ihre Spuren nach Reisen verwischen – das ist vor allem wichtig, wenn mit anderen Menschen gearbeitet wird, oder wenn ein Platz aufgesucht wurde, an dem Wesenheiten existieren, die sich wie Parasiten verhalten.

Ort der Begegnung

Jeanne erzählt:

Dieser Ort ist ein Treffpunkt. Du kannst dir dort gemeinsam mit deinen Spirits bestimmte Beziehungen auf der Bühne deines Lebens anschauen. Die Bühne erscheint, und du kannst alles betrachten, was sich dort abspielt. Du kannst die Person, mit der du etwas klären möchtest, bitten zu erscheinen. Dabei spielt es keine Rolle, ob sie lebendig oder tot ist, da die Seele ewig ist und wir über die Seele mit allem jederzeit in Kontakt treten können. Hier kannst du alles sagen, was du auf dem Herzen hast, und hören, was der andere dir mitteilen möchte. Hier kannst du Energieverbindungen lösen, die nicht mehr dienlich sind, und alles, was dich belastet hat, in die transformierenden Flammen geben. So beginnen Anteile von dir zu heilen. Genauso kannst du hier aber auch Heilenergie senden und schauen, was eine andere Seele braucht oder benötigt. Wenn sich die Seele nicht zeigt, so ist das in Ordnung. Dann hat es nichts mit ihr, sondern mit dir zu tun. Folge einfach dem, was deine Spirits dir zeigen.

Sabrina ergänzt:

An diesem Ort kann es aber auch zu unvermittelten Begegnungen kommen. Es kann sein, dass du dort plötzlich Menschen aus einer dir fremden Kultur vorfindest. Oder es tauchen Menschen auf, die du nicht kennst. Manchmal kommt es kurz danach in der alltäglichen Welt zu Begegnungen mit genau diesen Menschen oder auch Vertretern aus genau diesem Volk.

Sei aufmerksam bei deinen Begegnungen, egal, wie intensiv oder flüchtig sie erscheinen mögen!

Beispiel für den Ort der Begegnung:

Schaffe dir einen guten Raum, schließe deine Augen, und nimm ein paar tiefe Atemzüge. Begib dich, so, wie du es gelernt hast, an deinen inneren Ort.

Öffne deine Sinne, betritt dein Zentrum, richte dich aus, und bitte einen Spirit zu erscheinen. Begrüße deinen Spirit.

Aus deiner Mitte öffnet sich ein Pfad zum Ort der Begegnung.

Du folgst diesem Pfad mit deinem Spirit.

Dort angekommen schaust du dich an diesem Ort um und wählst einen Platz.

Du setzt dich in der Haltung eines Buddhas hin. Du fühlst Frieden, Verbundenheit und Liebe in dir.

Vor dir baut sich jetzt eine Bühne auf. Die Bühne deines Lebens.

Alles, was sich dort abspielt, ist wesentlich kleiner als du.

Bitte nun die Person auf die Bühne, mit der du etwas klären möchtest.

Lege deine Hand auf dein Herz, und sprich alles aus, was du auf dem Herzen hast.

Nimm wahr, was die Person dir zeigt oder antwortet.

Spüre, wie aus den höheren Ebenen Vergebung und Gnade fließen.

Beachte die Aka-Fäden (die Energieverbindungen zwischen euch). Wenn sie nicht mehr dienlich, nicht mehr hilfreich sind, können sie von deinen Spirits gelöst werden.

Spüre, wie das intelligente Feld sich mühelos und einfach neu sortiert und dabei alles in einen Abstand voneinander kommt, der für alle gut ist.

Wende dich nochmals an deinen Spirit, und frage, ob es noch etwas zu beachten oder zu tun gibt. Lasse dich dabei führen.

Fühle den Frieden und die Dankbarkeit für alles, was du hören, erfahren und erkennen konntest.

Kehre über den Pfad zurück, und spüre, wie sich der Pfad hinter dir auflöst. Komme wieder in deine Mitte. Richte dich aus. Sende ein starkes positives Gefühl zu deinem inneren Ort, und atme dich von innen nach außen.

Anmerkung: Manchmal sind mehrere Treffen und verschiedene Perspektiven notwendig, da die Situation etwas mit der Lebensaufgabe oder den Ahnen zu tun hat, und tiefer und weiter in uns hineinreicht als wir denken. Wandlung beginnt im Inneren. Manchmal ist es wichtig, nicht nur im Inneren zu sein, sondern auch konkrete äußere Schritte zu unternehmen, auch wenn sie nicht leichtfallen. Sich die Angelegenheit aufmerksam anzuschauen, ist der erste Schritt. Es kann sein, dass die gewünschten Personen nicht erscheinen. In diesem Fall kann man sich mit dem Aspekt von sich verbinden, der nicht loslassen möchte, und diesen liebevoll wahrnehmen und ihm das geben, was er braucht. Auch hier gibt es sehr viele Wege.

Ort der Heilung

Jeanne erzählt:

Dies ist ein Ort, an dem du deinen inneren Heiler oder deine innere Heilerin triffst. Es kann ein kleines Häuschen im Wald sein, ein Tipi mit einem Feuerplatz, eine Höhle, ein Tempel oder was auch immer.

Darin kannst du unterschiedliche Räume und verschiedene Gegenstände entdecken. Von hier aus kannst du zu verschiedenen Organen deines Körpers reisen und dir auf der inneren Ebene anschauen, welche Informationen, Erinnerungen und Abdrücke von Erfahrungen in den Organen sitzen und was erlöst werden darf. Manchmal wird man hier auch auseinandergenommen, gereinigt und wieder neu zusammengesetzt. Das kann sehr befremdlich sein. Vertraue einfach deiner inneren Weisheit und dem Wissen deines Heilers oder deiner Heilerin. Hier kannst du in neue Heilmethoden eingewiesen werden und vieles mehr.

Beispiel für den Ort der Heilung:

Schaffe dir einen Raum, in dem du dich wohlfühlst, schließe deine Augen, und nimm ein paar tiefe Atemzüge. Begib dich, so, wie du es gelernt hast, an deinen inneren Ort.

Öffne deine Sinne, betritt dein Zentrum, richte dich aus, und bitte einen Spirit zu erscheinen. Begrüße deinen Spirit.

Aus deiner Mitte öffnet sich ein Pfad zum Ort der Heilung. Schaue dich an diesem Ort um, und bitte deinen inneren Heiler oder deine innere Heilerin zu erscheinen.

Dieser Ort ist schon vorbereitet. Das Feuer knistert und brennt, ein Lager ist bereitet, verschiedene Utensilien liegen parat, Wasser steht bereit, Kräuter und Medizin sind vorbereitet.

Dein Heiler führt dich an einen bestimmten Platz und gibt dir genaue Anweisungen.

Du spürst, dass du ganz und gar in Heilenergie eingehüllt wirst, dich vollkommen entspannen kannst und sicher und geborgen bist, was immer jetzt auch geschehen mag.

Die Behandlung beginnt.

Nach einer gewissen Zeit kommst du ganz zu dir.

Dein innerer Heiler sitzt bei dir und schaut dich an. Ihr könnt miteinander sprechen. Du erfährst alles, was du wissen musst.

Langsam ist es Zeit, von diesem Ort Abschied zu nehmen. Du erhältst noch etwas zur Stärkung, verweilst einen Moment an diesem Ort, bedankst dich und begibst dich mit deinem Spirit wieder auf den Pfad zurück in deine Mitte.

Wenn du ein Geschenk erhalten hast, so verankerst du es an deinem inneren Ort und beobachtest die Veränderung.

Richte dich wieder auf deine Mitte aus, segne deinen Ort mit einem starken positiven Gefühl, und atme dich von dem inneren in den äußeren Raum zurück.

Ort der Vorbedeutung

Jeanne erzählt:

Der Ort der Vorbereitung dient dir dazu, dich bereit zu machen, dein gewohntes und bekanntes Feld zu verlassen und neue Orte und Bereiche zu erkunden. Sowohl äußerlich als auch innerlich. Man kann diesen Ort bewusst aufsuchen, wenn man selbst auf Reisen in ein neues Land geht oder wenn Einweihungen auf der inneren Ebene bevorstehen. Manchmal wird man einfach von den Spirits an diesen Ort gebracht, da eine Einweihung, ein neuer Lebensabschnitt o. Ä. bevorsteht.

Beispiel für den Ort der Vorbereitung:

Schaffe dir einen Raum, in dem du dich wohlfühlst, schließe deine Augen, und nimm ein paar tiefe Atemzüge. Begib dich, so, wie du es gelernt hast, an deinen inneren Ort.

Öffne deine Sinne, betritt dein Zentrum, richte dich aus, und bitte einen Spirit zu erscheinen. Begrüße deinen Spirit.

Aus deiner Mitte öffnet sich ein Pfad zum Ort der Vorbereitung. Es ist ein ruhiger, besinnlicher, geschützter und friedlicher Ort mit einer sprudelnden Quelle oder einem See, vielleicht auch einem Wasserfall.

Betrachte das Seelengewand, das du gerade trägst. Wie sieht es aus? Wie fühlt es sich an? Welche Farben hat es? Wie geht es dir darin? Du darfst dieses Seelengewand jetzt abstreifen und so, wie Gott dich erschuf, in das heilsame Wasser steigen.

Dieses Wasser umfließt dich sanft und wäscht dich rein. Deine geistigen Helfer reinigen dich, berühren deine Wunden, waschen

deine Narben. Du spürst, wie die alte Energie dich verlässt, weggespült wird und deine Zellen sich erneuern und regenerieren. Freude und Kraft laden jede Zelle neu auf. Genieße das Bad in diesem heilsamen Wasser.

Trinke von diesem Wasser, nimm ein paar große Schlucke. Fühle das Licht in dir. Fühle, wie Blockaden sich lösen und dein Lichtsystem sich vollkommen entfaltet. Wenn das Wasser vollkommen um dich herum glitzert und du im Frieden und Einklang mit dir bist, ist es Zeit, aus der Quelle oder dem See zu steigen.

Du wirst gesalbt und geölt, vielleicht wird dir ein Muster oder ein Symbol aufgemalt. Lasse geschehen, und genieße. Dein Körper, deine Seele und dein Geist finden in die göttliche Harmonie und Ordnung zurück. Du spürst die heilige Geometrie deines Körpers.

Du erhältst ein neues Seelengewand, das zu deiner Schwingung passt. Welche Farben, welche Formen, welche Muster hat es?

Du wirst auf deine Reise vorbereitet und erhältst Gegenstände und Symbole, die dir dienen werden. Nimm sie in dein Herz auf.

Ein goldener Lebensfaden wird in das Neue gebracht und beginnt zu leuchten. Er ist im Einklang mit dem Höchsten – du beobachtest seine Entfaltung. Dein inneres Führungssystem richtet sich auf diesen neuen Ort und seine Schwingung aus. Lasse geschehen, und nimm an, was du fühlst. Fühle den Einklang in dir, bis du innerlich ganz bereit bist. Sende den Segen und die Engel voraus. Spüre, wie du zur richtigen Zeit am richtigen Ort sein wirst und wie aus deinem Inneren die Handlung wie von selbst geschieht.

Anschließend bist du bereit für die Reise.

Anmerkung: Hier beginnt nun die innere Reise zu dem entsprechenden Ort, oder du kehrst zurück in die Alltagswelt und spürst, dass du bereit bist für die Reise, die in dieser Welt bevorsteht.

Hochebene der Visionen

Sabrina erzählt:

Immer schon galten Berggipfel und die Hochebenen um sie herum als besondere heilige und kraftvolle Orte. In vielen Erzählungen wird von alten Weisen oder gar Göttern berichtet, die dort oben nahe den Wolken leben. In Peru gibt es die Legende von dem Wolkenvolk, das in den Gipfelregionen der Anden noch heute leben soll.

Du kannst deine Verbündeten bitten, dich zu dieser Hochebene zu bringen. Meine Schüler reisen dorthin, um sich mit ihrer wahren inneren Kraft und Größe zu verbinden.

Auf dieser Hochebene kannst du dich jedoch auch mit jeder dir nur erdenklichen Vision verbinden. Es ist keine Visionssuche, die du im Außen machst, dennoch kann diese Reise sehr viel verändern und dich ein Stück weit näher zu dir und deiner Seelenessenz bringen.

Eine mögliche Reise zur Hochebene:

Bereite dich auf deine Art auf deine Reise vor. Begib dich an deinen Startplatz, bekunde die Absicht, die Hochebene der Visionen zu besuchen.

Lasse dich nun von deinen Verbündeten führen.

Betrachte die Landschaft, den Weg zu dieser Hochebene.

Dieser Weg kann anstrengend und steil, aber auch leicht und eben sein. Die Landschaft wie auch der Weg sind veränderlich – grundsätzlich führt dich dieser Weg jedoch hoch hinauf.

Wenn du die Hochebene erreicht hast, schaue dich um. Was siehst du? Wo bist du? Wie sehen die Gipfel um dich herum aus?

Beobachte genau – etwas bewegt sich. Ein Gigant löst sich aus den Bergen. Er kommt zu dir. Wohlwollend und lächelnd hebt er dich hoch und blickt dir in die Augen. Du erkennst dich selbst, deine wahre Größe in den Augen des Giganten.

In diesem Moment verschmilzt du mit ihm, mit deiner wahren Größe. Du wirst innerlich zu diesem Giganten und spürst, dass seine Größe und seine Kraft die deinen sind. Fühle in all deinen Zellen diese Größe, und nimm sie ganz und gar als die deine an.

Bedanke und verabschiede dich von der Hochebene, und mache dich auf den Weg zurück in die alltägliche Welt.

Notiere deine Erfahrungen in deinem schamanischen Tagebuch.

Weitere hilfreiche Möglichkeiten

Geschenke

Jeanne erzählt:
Alles Geben und Empfangen sollte mit Demut und Dankbarkeit geschehen. Vielleicht bekommst du nicht genau das, was du dir vorgestellt hast, doch es wird sich zu gegebener Zeit als vollkommen richtig erweisen. Manchmal ist es hilfreich, ein Geschenk, das wir in der inneren Welt empfangen haben, auch in der äußeren Welt zu manifestieren und dort mit ihm zu arbeiten.

Sabrina ergänzt:
In der Tradition der Sonnentänzer wurde mir erklärt, warum die Männer mit ihren Piercings Blut und Fleischopfer geben. Der Körper ist in dieser Welt das Einzige, was ihnen gehört. Wollen sie also dem Höchsten Wesen etwas opfern, etwas, was tatsächlich von ihnen kommt, so sehen sie nur diesen Weg. Ein Native der First Nation wird niemals ohne Grund seine Haare schneiden – auch diese sind heilig und tragen Kraft. Es ist ein absoluter Vertrauensbeweis, solches Haar geschenkt zu bekommen.

Doch niemand verlangt solche Opfer von dir – es sei denn, du wirst gerufen und folgst diesem Ruf. Dennoch sollten wir immer daran denken, dass wir mit unseren Verbündeten eine Freundschaft, einen Bund eingegangen sind. Es ist wichtig, auf die Ausgewogenheit zu achten. Manchmal sagen die Spirits uns nur indirekt, was sie sich wünschen. Es erfordert von deiner Seite ebenso ein gutes Verhältnis zu Geben und zu Nehmen.

Das Visionsboard

Jeanne erzählt:

Manche Reisende kennen in der inneren Welt einen zentralen Treffpunkt, an dem alles zusammenläuft. Manchmal ist dies eine Bar mit einem spirituellen Hüter. In dieser Bar kann es ein Schwarzes Brett geben, an dem du Nachrichten hinterlassen oder Nachrichten von deinen Spirits vorfinden kannst. Das ist sehr praktisch und unglaublich hilfreich. Aber vor allem funktioniert es.

Der runde Tisch – Treffpunkt der Spirits

Sabrina erzählt:

Wenn du eine Frage hast, zu der du die Meinung aller deiner Verbündeten hören möchtest, bietet sich der runde Tisch an, an den du deine Verbündeten bitten kannst. Hier ist die Absicht deiner Reise ganz klar: Du lädst alle deine Verbündeten zu diesem Tisch ein. Wenn alle dort versammelt sind, stellst du ihnen deine Frage. Manchmal bekommst du sofort eine oder auch mehrere Antworten, je nach Sichtweise des jeweiligen Verbündeten. Es kann aber auch sein, dass du weggeschickt wirst und zu einem späteren Zeitpunkt wiederkommen sollst, um deine Antwort zu erhalten.

Interaktion bestimmter Plätze

Jeanne erzählt:

Jeden Ort, den es in der äußeren Welt gibt, gibt es auch in der inneren Welt. Eine Möglichkeit, zu den verschiedenen Orten zu gelangen, ist, dass der Weg sich aus der Mitte, aus deinem Zentrum öffnet und du mit deinen Spirits zu den Orten, die du be-

suchen möchtest, gehst. Wenn deine innere Reise abgeschlossen ist, gehst du in dein Zentrum zurück und von dort hinaus aus der inneren Welt wieder in die äußere Welt. Dann kannst du wieder ganz in dem Raum ankommen, in dem du dich gerade befindest.

Blindreisen

Sabrina erzählt:

Mit diesen Reisen kannst du deine Wahrnehmung trainieren. Jeder von uns hat andere Wahrnehmungskanäle, die besonders ausgeprägt sind. Nach und nach können wir alle unsere Sinne erfahren und erweitern. Die einfachste Möglichkeit für Blindreisen ist die Verwendung von Bildern.

- Wähle dazu 3 bis 10 Fotos aus, die dir in gedruckter Form zur Verfügung stehen. Wichtig ist, dass du Bilder wählst, zu denen du eine Verbindung hast. Das kann z. B. eine Landschaft sein, das Bild eines Weihnachtsbaumes, eines Schmuckstückes oder eines besonderen Momentes, u. a.
- Nun stecke jedes Bild in ein neutrales Kuvert. Verschließe alle Kuverts, und mische sie gut durch. Ziehe anschließend ein Kuvert aus dem Stapel. Mache nun, ohne in das Kuvert zu schauen, eine Reise zu dem Bild, das im Kuvert ist.
- Achte auf alles, was du wahrnimmst! Wie riecht es an dem Ort, an den dich deine Verbündeten bringen? Ist es kalt oder warm? Was hörst du? Es kann sein, dass du Symbole gezeigt bekommst – womit verbindest du diese?
- Bringe deine Eindrücke nun mit einem der Bilder in Verbindung. Erkennst du es?

Je öfter du diese Blindreisen übst, desto sicherer wirst du in deiner Wahrnehmung der Welten werden. Es kann auch sein, dass du zunächst mit dem, was du erlebt hast, nichts anfangen kannst.

Dazu eine Geschichte aus einem meiner Seminare: Im Basisseminar machte ich mit den Teilnehmern eine Blindreise zu einem Gegenstand, der unter einem Tuch verborgen war. Alle Teilnehmer reisten gleichzeitig zu diesem Gegenstand und sammelten so viele Eindrücke wie möglich. Als die Reise beendet war, erzählte jeder von seinen Wahrnehmungen.

Eine Teilnehmerin sagte: »Das war sehr seltsam, und ich habe den Eindruck, dass ich völlig am Thema vorbei unterwegs war. Das hat wohl nicht funktioniert. Erst stand ich auf einem Hügel und schaute über ein weites Land, eine Steppe oder Prärie. Dann stand ich auf einer Ebene in dieser Landschaft, und vor mit stand eine Playmobilfigur, die aussah wie ein Indianer, aber auch wie ein Sheriff. Diese Figur trug Kriegsbemalung, einen Cowboyhut mit Feder und einen Sheriffstern. Im nächsten Moment flog ich über diese Landschaft und sah rote Erde. Über einem bestimmten Platz blieb ich in der Luft schwebend stehen und sah unter mir etwas, was aussah wie ein großes Wagenrad. In diesem Wagenrad bewegten sich Menschen, und ich konnte Trommeln hören. Dann war die Reise vorbei.«

Als alle ihre Erlebnisse erzählt hatten, enthüllte ich den Gegenstand: Es war ein Glas mit roter, heiliger Erde aus Montana, aus dem Gebiet der Crow. Der Eigentümer des Landes, von dem ich sie bekommen hatte, war ein Native und der erste »indianische Sheriff«, der offiziell von der amerikanischen Regierung anerkannt wurde. Die Erde wird u. a. beim Sonnentanz verwendet, um die Tänzer zu bemalen. Und beim 28-Pole-Sonnentanz meines Freundes sieht der Tanzkreis von oben wie ein großes Wagenrad aus. So hatte diese Teilnehmerin zwar alle Informationen richtig erhalten, konnte sie nur zuerst in keinen Zusammenhang bringen. Letztlich wurde aber alles klar.

Habe auch du Vertrauen! Du wirst auf diesen Reisen mit der Zeit immer mehr Details erfahren.

Teil 2

Innerer Garten: Praxisgrundlagen für deine Reisen

Sabrina erzählt:

Es gibt verschiedene Wege, um mit dem inneren Raum in Kontakt zu treten. Wir können über die schamanische Reise, über eine geführte Meditation, Trance, die Stille und später eine bestimmte Switchtechnik, mit der wir augenblicklich von außen nach innen und wieder zurückkommen, in den inneren Raum eintreten. Wir werden dir nun die verschiedenen Wege vorstellen. Wähle selbst den Weg, der dich am meisten anspricht. Auch hier gilt: Übung macht den Meister! Je öfter wir uns Zeit nehmen, mit unserer inneren Welt, unserem inneren Garten in Kontakt zu treten, desto leichter und schneller wird uns der Wechsel oder die augenblickliche Verbindung gelingen.

Vorbereitung für die schamanische Reise

Sabrina erzählt:

Als Vorbereitung für die schamanische Reise errichtest du einen Heiligen Tempel der Kraft, einen Energietempel außerhalb von Zeit und Raum, in dem du ein geschütztes, kraftvolles und heilendes Energiefeld aufbaust. Ebenso brauchst du für die schamanische Reise einige Werkzeuge.

Werkzeuge:

- eine Rahmentrommel oder eine Rassel, mit der du für dich selbst den Rhythmus für die Reise vorgibst
- alternativ eine der gängigen CDs für schamanische Reisen, die es auf dem Markt inzwischen gibt.* Die CD kannst du auch gut mit einem transportablen Gerät und Kopfhörern in der Natur verwenden
- einen Platz in deinem Zuhause oder in der freien Natur, an dem du für ca. eine Stunde ungestört bist
- ein Tuch o. Ä., mit dem du dir die Augen verbindest
- eine Decke, auf der du liegen kannst, eventuell eine zweite, um dich zuzudecken
- Räucherwerk zur Reinigung (ich empfehle Beifuß, weißen Wüstensalbei oder weißen Copal)
- ein Räuchergefäß sowie Räucherkohle oder auch ein Stövchen mit Gitter und einer Kerze
- ein Buch mit leeren Seiten, das du als schamanisches Tagebuch verwendest und einen Stift

---

Ich empfehle die CD von Georg O. Gschwandler: »Schamanische Rhythmen zur Einkehr in die eigene Mitte«. Schirner Verlag 2012.

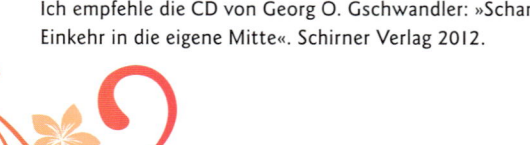

- evtl. ein Kompass, um die Himmelsrichtungen zu bestimmen, wenn du diese noch nicht kennst oder an einem Ort bist, wo dir diese noch fremd sind

Wenn du die Reise in der freien Natur machst, kannst du Kekse, ein Stück Brot, etwas Maismehl oder Salz, Wasser, Schnaps, ein Lied oder was dir gerade einfällt als Dank an den Platz und an die Wesen der Natur zurücklassen.

Zu Hause kannst du irgendwo einen Platz einrichten, an dem von jetzt an dein Altar für deine Verbündeten ist. Dieselben Gaben wie oben genannt kannst du auch an diesen Platz legen. Entferne sie nach ein paar Tagen von dort, und gib sie zurück in die Natur. Die Geschenke, die du den Verbündeten als Dank gibst, nehmen sie in Form von Energie auf. Sie nähren sich von der Energie deiner Aufmerksamkeit, die in diesen Gaben steckt. Ebenso schenken sie dir ihre Energie, ihre Aufmerksamkeit, wenn sie dich in der Nicht-Alltäglichen-Wirklichkeit (NAW) führen und lehren.

Hinweis: Diese Grundausrüstung kann nach Belieben mit eigenen Ritualgegenständen und einem kleinen persönlichen Altar erweitert werden.

Grundregeln:

- räuchern und rasseln
- den Heiligen Tempel der Kraft aufbauen
- Einladen der Schöpferkräfte, Elemente und Verbündeten (soweit diese schon bekannt sind)
- Startplatz und Ausrichtung der Reise (Was will ich erreichen, warum mache ich diese Reise?)
- Trommelbegleitung oder Musik mit einem *klaren und deutlichen Rückholsignal*
- ich kann in der NAW agieren und reagieren, ich kann handeln, Erfahrungen sammeln und Entscheidungen treffen

Räuchern und rasseln:

- Räuchermuschel – steht für Wasser
- Räuchersand/Räucherkohle/Räuchermaterial steht für Erde
- Räucherfeder und Rauch stehen für Luft
- mit Feuer wird das Räucherwerk entzündet

Anstatt der Muschel kann natürlich auch ein anderes Räuchergefäß verwendet werden. Mit der Muschel kannst du jedoch idealerweise alle 4 Elemente in der Handlung des Räucherns verbinden. Wenn du eine Muschel verwendest, empfehle ich dir, diese erst mit Sand oder Erde zu füllen, bevor du darin räucherst. Damit schonst du die Muschel, und du hast länger Freude an ihr. Du musst dafür keinen speziellen Räuchersand kaufen, wie es ihn im Handel gibt. Die Erde vor deiner Haustüre ist genauso geeignet.

Als Räucherfeder kannst du meiner Meinung nach jede Feder verwenden, die von einem Flugvogel stammt. Bevorzugt werden jedoch Raubvogelfedern. Wenn du so eine Feder für dich haben möchtest, so achte beim Erwerb unbedingt darauf, woher diese stammt. Lege Wert darauf, dass sie, wenn möglich, von einem lebenden Tier stammt, aus einer Falknerei oder einem Wildpark. Findest du aber in deiner Umgebung eine Rabenfeder oder die eines anderen größeren Vogels, so verwende zu Beginn am besten diese Feder für deine Arbeit.

Vor jeder schamanischen Arbeit räuchere dich selbst und alle anderen Anwesenden mit Salbei, Copal, Wacholder oder anderen reinigenden Kräutern und Harzen ab. Arbeite dabei mit der Feder von oben nach unten. Du wedelst den Rauch von oben nach unten am Körper des Menschen entlang, erst an der Vorderseite, dann an der Rückseite. Abschließend streifst du mit der Feder 3 x kräftig von oben nach unten in Richtung Erde am Körper entlang.

Deine Absicht ist dabei die Reinigung von Körper und Seele als Vorbereitung für die schamanische Arbeit.

Arbeitest du für dich allein, kannst du dich auch in den Rauch stellen. Wenn das Räuchergefäß am Boden steht, stelle dich einfach darüber und lasse so den Rauch an deinem Körper entlangziehen. Dabei stellst du dir vor, dass dein Körper und deine Seele gereinigt werden.

Anschließend kannst du jeden Menschen von oben nach unten abrasseln. Auch hier erst an der Vorderseite, dann an der Rückseite. Damit ist die Reinigung abgeschlossen. Wenn du für dich allein arbeitest, dann rassele so lange, bis du das Gefühl hast, bereit für deine Arbeit zu sein.

Der Heilige Tempel der Kraft

Dieser Tempel hat den Zweck, dich mit den Welten der Spirits zu verbinden. Führe folgendes Ritual durch, bei dem du um Unterstützung, Kraft und Schutz für deine Arbeit bittest sowie einen geschützten Raum aufbaust. Wichtig ist dabei deine klare Absicht – was willst du tun?

Absicht: Ich errichte einen Heiligen Tempel der Kraft für meine schamanische Arbeit.

Beginne mit folgender Anrufung (laut ausgesprochen, nicht nur gedacht), mit deinen eigenen Worten, am besten in deiner Muttersprache.

Stelle dich in den Norden, mit Blick in Richtung Norden.

Eröffne mit deiner Rassel und/oder mit deiner Stimme das Ritual.

Rassle und/oder töne mit deiner Stimme (joiken, pfeifen, trällern ...) 7x in Richtung Norden, zu deinen spirituellen Ahnen, zu den Ältesten und Weisen. Bitte um ihre Aufmerksamkeit, ihre Unterstützung für dein Ritual.

Begib dich nun nach Osten, mit dem Blick Richtung Osten, und beginne mit deinem »Gebet« an die Schöpferkräfte Vater Sonne und Mutter Erde.

Nach oben gerichtet, mit weit geöffneten, in den Himmel gestreckten Händen rufe Vater Sonne, das große Geheimnis, den Schöpfer, den Befruchter. Bitte ihn, mit seiner Kraft und Medizin bei dir zu sein, deine Arbeit zu unterstützen, dein Herz und

deine Seele für die Kraft des Lichtes zu öffnen und dich auf der Reise in die NAW zu begleiten.

Kniend, beide Hände auf den Boden gelegt, rufe Mutter Erde, die Ernährerin und Gebärerin, die Schöpferin. Bitte auch sie, mit ihrer Kraft und Medizin bei dir zu sein, deine Arbeit zu unterstützen, dein Herz und deine Seele für die Kraft der Liebe zu öffnen und dich auf deiner Reise in die NAW zu begleiten.

Stehe wieder auf, und beginne, von Osten aus einen Kreis im Uhrzeigersinn zu beschreiben. Wenn du für dich allein arbeitest, genügt es, wenn dieser Kreis groß genug ist, um darin gut liegen zu können. Wenn du mit einer Gruppe arbeitest, sollte der Kreis die ganze Gruppe umschließen können.

Hebe dabei deine linke Hand, die Fingerspitzen zeigen Richtung Himmel, die Fingerspitzen deiner rechten Hand zeigen in Richtung Erde. Deine linke Hand zieht nun eine Grenze zur Anderswelt. Stelle dir diese Grenze bildlich vor.

Durch die Anrufung hast du die Aufmerksamkeit (Energie) deiner spirituellen Ahnen und der Schöpferkräfte auf dich und dein Ritual gerichtet. Über deine rechte Hand fließt nun diese Aufmerksamkeit (Energie) in die Mitte deines Tempels und zentriert sich dort.

Du kannst, wenn du möchtest, auch jede Art von Stab, Dolch, Schwert, Zweig oder Grashalm als Verlängerung deiner linken Hand, die gen Himmel zeigt, verwenden.

Sei dir bewusst, dass du mit deiner Stimme, deiner Absicht und der klaren Visualisierung deines Tempels diesen erschaffst.

Folgender Text ist eine mögliche Formulierung, um diesen Tempel zu errichten – versuche, den Inhalt nach und nach in deinen eigenen Worten auszudrücken.

»*Ich errichte einen ... (Tempel, Heiligen Raum, eine Energiekugel ...) zwischen den Welten und jenseits der Zeit. Einen ... (Tempel, Heiligen Raum, eine Energiekugel ...) aus lichter, kräftig strahlender und schützender Energie, welche diesen Raum wie eine Kugel umschließt. Eine Kugel, gleichmäßig geformt in alle Richtungen.*

Alle ... (Wesen, Energien, Manifestationen ...), welche für diesen Menschenkreis (für mich) hier und jetzt ohne Bedeutung sind, verlassen jetzt sofort diesen geschützten Heiligen ... (Tempel, Energiekreis, Raum ...).

Dieser ... (Tempel, Energiekreis, heilige Raum ...) ist offen von innen nach außen, jedoch für ungeladene Kräfte und Wesen geschlossen von außen nach innen.«

Gehe mindestens 4x, wenn du möchtest auch öfter, den Kreis ab. Beende den Kreis im Osten, wo du begonnen hast.

Anrufung der Elemente, Himmelsrichtungen und Verbündeten:

Du stehst jetzt wieder im Osten und beginnst, die Himmelsrichtungen und Elemente mit deinen eigenen Worten einzuladen. Hier einige Möglichkeiten, welche Kräfte du um Unterstützung bitten kannst:

Osten
- *Luft, der Wind, die Windwesen und Luftbewohner*
- *Erzengel Michael – Schwert der klaren Unterscheidung*
- *Qualität: Neubeginn, Ideen, Freiheit, Geburt, klarer Geist*

Süden
- *Feuer, Feuerwesen, Salamander, Reptilien*
- *Erzengel Uriel – Stab der Magischen Kraft*
- *Qualität: Wandlung, Vision, Häutung, schöpferische Kraft*

Westen
- *Wasser, Nixen, Wassermänner, alle nährenden Wasserbewohner*
- *Erzengel Gabriel – Kelch der Heilung*
- *Qualität: Im Fluss sein, Verbindung zum Lebens- (oder Blut-) Fluss, fließen lassen, Emotionen*

Norden
- *Erde, Erdwesen, Bäume, Wald- und Wiesentiere*
- *Erzengel Raphael – Schild der ehernen Ruhe*
- *Qualität: Sicherheit, Wissen, Verwurzelung, Erfahrung der Uralten*

Wiederum im Osten angekommen, wendest du deinen Blick zur Mitte des Tempels und bittest deine wohlgesonnenen Verbündeten, deine Lehrer, deinen Schutzengel und dein Krafttier, in den Tempel zu kommen. Wenn du mit einer Gruppe arbeitest, bittest du die Verbündeten, Lehrer usw. aller anwesenden Menschen in den Kreis. Dabei spielt es keine Rolle, ob du oder die anderen Menschen die Begleiter schon bewusst kennen.

Mit der Zeit wirst du immer sicherer werden beim Eröffnen des Rituals und dem Aufbauen eines Heiligen Tempels.

Errichte IMMER einen Tempel der Kraft, bevor du zu arbeiten beginnst, auch wenn du »nur« eine Reise für dich selbst machst!

Wenn du mit deiner Arbeit fertig bist, löse den Tempel der Kraft wieder auf. Dabei bewegst du dich diesmal entgegen dem Uhr-

zeigersinn. Bedanke dich bei den Schöpferkräften, den Verbündeten und allen anderen, die dich unterstützt haben. Entlasse sie zurück in ihre Welt, und öffne den Kreis. Sprich dabei deine eigenen Worte. Gehe wieder mindestens 4x im Kreis, beginnend und endend im Osten.

Anmerkung: Dies ist meine Art, einen heiligen Tempel aufzubauen. Ich empfehle meinen Schülern immer, dies lediglich als Richtlinie zu sehen. Mit der Zeit und der eigenen Praxis kann und soll sich das verändern.

Jeanne ergänzt:

Ich habe es anders als Sabrina gelernt. Jedoch errichte ich ebenfalls einen Tempel aus Licht im äußeren Raum, bevor ich etwas beginne.

> Wenn wir nichts Heiliges einladen,
> kann nichts Heiliges entstehen.

Je nach Gruppe, Aufgabe und Notwendigkeit nehme ich verschiedene Tempel wahr. Mal baut sich eine Kugel auf, mal ein Kristalltempel, mal eine Einweihungshöhle, mal ein heiliger Versammlungsort oder eine Pyramide oder eine Doppelpyramide. Manchmal ein Tempel in einer platonischen Körperform, der jetzt für diese Gruppe wichtig ist. Das Feld, in dem wir uns bewegen, ist intelligent. Es lenkt die Planeten am Himmel und baut alles nach einem bestimmten Plan auf und ab. Ich vertraue diesem intelligenten Feld.

Manchmal rassele ich in die 7 Himmelsrichtungen und fange meist im Osten (Sonnenaufgang, Luft) an, wobei dies je nach Thema variieren kann (bei Ahnenthemen fange ich im Norden an).

Dann gehe ich weiter in den Süden (Sonnenhöchststand, Feuer), Westen (Sonnenuntergang, Wasser), Norden (Dunkelheit, Sterne, Erde), Unten, Mitte, Oben. Währenddessen schaue ich, welche Spirits ich wahrnehme und heiße sie willkommen.

Wenn du in einer bestimmten Tradition gelernt hast und dir eine andere Form vertraut ist, so wende deine Form an. Wer keine Erfahrung hat, sollte sich ein festes Ritual zum Raumaufbau schaffen – das sich im Laufe der Zeit auch verändern kann –, um sich der Führung und der Kraft der Spirits bewusst zu sein. Es ist auf jeden Fall ratsam, einen heiligen Raum aufzubauen, da die Energie dann augenblicklich eine andere ist. Nach getaner Arbeit sollte man den Raum wieder auflösen, damit er frei ist.

In der Huna-Tradition wird auf Trommeln, Masken u. Ä. verzichtet. Man kommuniziert einfach, indem man seine geistige Aufmerksamkeit von der äußeren in die innere Welt der Energie verschiebt und wieder zurück. Dies kann ziemlich schnell geschehen, mit offenen Augen – dort, wo man gerade ist. Es bedarf anfangs ein wenig Übung und einer guten Ausrichtung, Schulung und Anbindung an sich selbst.
Die dreifache Pico-Pico-Atmung (Scheitelpunkt ein – Bauchnabel aus) ist z. B. eine einfache Form der Ausrichtung auf die eigene Anbindung, bevor man etwas ausführt, antwortet oder tut.

Um den geistigen Raum noch weiter zu erkunden, kannst du mit einer deutlichen Zielsetzung und Fragestellung folgende Reisen unternehmen.

Reisen in die Untere Welt

Jeanne erzählt:
Reisen in die Untere Welt sollten immer mit einem bestimmten Ziel oder einer klaren Absicht angetreten werden. Je klarer die Ausrichtung, desto tiefer die Erkenntnis. Wir können zu dem Zweck in die Untere Welt reisen, unser Krafttier zu treffen oder ein Thema in den tief in unserem Inneren verborgenen Schichten zu lösen, Muster und uralte Speicher zu entdecken, Energien zu wandeln und zu erlösen. Hier können wir KU, unser Unteres Selbst, kennenlernen, befreien, erlösen, reinigen, uns mit ihm verbünden und neue Wege gehen und über uns hinauswachsen, unsere Intuition stärken.

Eingänge in die Untere Welt können sein:
Höhlen, Löcher, Brunnen, Tierbauten, Übergänge von Land zu Wasser, Strudel usw.

Übungsbeispiel – Krafttierreise:

Schaffe dir einen Raum, in dem du dich wohlfühlst, schließe deine Augen, und nimm ein paar tiefe Atemzüge. Begib dich, so, wie du es gelernt hast, an deinen inneren Ort.

Öffne deine Sinne, und betritt dein Zentrum, richte dich aus. Begib dich an den Eingang, der nach unten führt. Das kann ein Loch zwischen den Wurzeln sein, ein Wasserstrudel, ein Tierbau, eine Höhle oder eine andere Öffnung in der Erde.

Du bemerkst eine Abwärtsspirale, eine Bewegung nach unten.

Wenn du das Gefühl hast, dass du angekommen bist, schaue dich an diesem Ort um.

Rufe nun dein Krafttier. Frage das Tier, das erscheint, ob es dein Krafttier ist. Erscheint dir nicht sofort ein Tier, so mache dich einfach auf die Suche.

Zeigt sich ein Tier 4x von verschiedenen Seiten oder sagt es dir, dass es dein Krafttier ist, beginne, dich in das Tier zu verwandeln.

Fühle die Kraft dieses Tieres in dir, und lerne die Fähigkeiten und Fertigkeiten des Tieres kennen.

Lasse dich anschließend von deinem Krafttier führen und in seine Kräfte einweihen.

Langsam ist es an der Zeit, Abschied zu nehmen. Frage dein Krafttier, ob es noch etwas gibt, was jetzt wichtig ist. Lausche. Verabschiede dich, und gehe den Pfad zurück, den du gekommen bist.

Wenn du wieder ganz in deiner Mitte bist, bedanke dich für alle gewonnenen Erkenntnisse, und sende ein starkes positives Gefühl an deinen inneren Ort.

Bewege dich von innen nach außen.

Reisen in die Obere Welt

Jeanne erzählt:
Reisen in die Obere Welt dienen dazu, das höhere Selbst zu erkunden. Hier gibt es unbekannte Weiten, Lichtwelten, Tempelstätten. Von hier erhältst du Inspiration und Kraft.

Eingänge in die Obere Welt können sein:
Hohe Gebäude, Bergspitzen, Hängeleitern, Bohnenstangen, Wendeltreppen, die sich nach oben schrauben – einfach alles, was die Möglichkeit bietet, nach oben zu gelangen.

Übungsbeispiel – Die kosmischen Eltern:

Die Reise zu den himmlischen oder kosmischen Eltern ist eine Reise zu deinem Ursprung und eine gute Möglichkeit, die Obere Welt kennenzulernen. Die himmlischen Eltern haben nichts mit unseren biologischen Eltern zu tun, sondern mit dem Ursprung und unserer Kernkraft.
Es gibt Wesen, die unsere Seele einst erschaffen haben, bevor sie auf die Reise ging und sich Stück für Stück durch viele Erfahrungen und Erlebnisse selbst gedimmt hat. Diese Wesen sind sowohl männlich als auch weiblich und haben einst unsere Essenz aus der Liebe geschaffen.

Schaffe dir einen Raum, in dem du dich wohlfühlst, schließe deine Augen, und nimm ein paar tiefe Atemzüge. Begib dich, so, wie du es gelernt hast, an deinen inneren Ort.

Öffne deine Sinne, und betritt dein Zentrum, richte dich aus.

Bitte deine Spirits zu erscheinen.

Aus deiner Mitte öffnet sich ein Pfad zum Ort der Vorbereitung.

Du wirst gereinigt und vorbereitet für diese Begegnung.

Nun bist du bereit und fühlst dich leicht und frei. Deine Spirits tragen dich, und du folgst dem Sog des Lichts, das dich auf seine Weise nach oben trägt, durch Raum und Zeit.

Aus der Ferne nimmst du ein weiteres strahlendes Licht wahr. Immer stärker zieht es dich dorthin.

Du befindest dich an einem wunderschönen, strahlenden und ätherischen Ort, der sich auch weit entfernt im Universum befinden kann. Du fühlst dich endlich angekommen und zu Hause. Viele Wesen begrüßen dich, du schaust dich um und fragst dich, wie lange du schon nicht mehr hier gewesen bist.

Es bildet sich eine Gasse, an deren Ende 2 Wesen, männlich und weiblich, auf dich warten: Deine kosmische Mutter und dein kosmischer Vater. Du schaust ihnen in die Augen und kannst dich endlich wiederfinden und widerspiegeln. Du weißt, dass du hierher gehörst. Ihr begrüßt euch.

(Pause)

Deine Eltern bringen dich an den Ursprungsort deiner Geburt. Sie hüten deinen Tempel, deinen Raum mit all deinen Kräften, Talenten und Fähigkeiten, die sie dir einst gegeben haben.

Du schaust dich in deinem Raum um. Du berührst hier und dort etwas, erfährst, erinnerst dich und lässt dir viel Zeit. (Hier können z. B. Musikinstrumente, Farben, Werkzeuge, Kisten mit Gegenständen, die nur du kennst, verborgene Talente, Aufgaben,

Kristalle und vieles mehr aufbewahrt sein.) Deine Seele erinnert sich. Erlaube dir, tief berührt zu werden.

Nun hast du Zeit, um mit deinen kosmischen/himmlischen Eltern zusammen zu sein. Frage sie, warum du einst zur Erde gegangen bist und was du der Erde bringen wolltest.

(Pause)

Sie bringen dich jetzt zu deiner Ursprungsschwingung, und du stellst dich wieder ganz auf deine ursprüngliche Schwingung ein.

Dein Vater fragt dich, was du auf der Erde am meisten vermisst. Du antwortest ihm. Er gibt dir das, was dir am meisten gefehlt hat, in dein Energiefeld.

Deine Mutter fragt dich nun, was du auf der Erde am meisten vermisst hast. Du antwortest ihr. Sie gibt dir das, was du am meisten vermisst hast, in dein Energiefeld.

Langsam wird es Zeit zurückzukehren. Du verabschiedest dich von deinen kosmischen Eltern in dem Bewusstsein, dass du diesen Ort immer wieder aufsuchen kannst und ab jetzt mit ihm in Verbindung stehst.

Von Weitem siehst du dein Zentrum und landest dort sanft. Du verankerst die neue Energie an deinem inneren Ort und beobachtest die Veränderungen. Du verweilst noch einen Moment in deinem Zentrum und strahlst deine Schwingung weit in das Feld. Wenn du bereit bist, versiehst du deinen inneren Ort mit einer positiven Energie und atmest dich aus deinem Zentrum von innen nach außen.

Reisen in andere Bereiche

Jeanne erzählt:
Solche Reise gehen immer von der Mittleren Welt aus – bzw. von dem dir bekannten Startplatz.

In Märchen, Mythen und Sagen aller Kulturen dieser Welt finden sich immer wieder Erzählungen über heilige Orte wie Avalon, Shambhala, die Sonnenstadt und über Lichtstätten und Einweihungsorte im Inneren der Erde, wie z. B. die Hallen von Amenti. Eingeweihte, Mystiker und Schamanen kennen diese heiligen Orte sehr gut und werden nicht selten an solchen geschult. Meister und große Lehrer, die sich selbst verwirklicht haben und ein Leben führen, das uns Menschen unbekannt ist, lehren sie dort. Diese Lehrer sind erwacht und haben die sterblichen Ebenen überwunden. Vielleicht bist du mit manchen dieser heiligen Stätten oder geistigen Lehrern (Jesus Christus, Buddha, Hilarion, Maria Magdalena und viele andere) im nicht-physischen Bereich verbunden. Über großen Kraftplätzen gibt es oft noch andere Lichtebenen, die ebenfalls aufgesucht werden können. Man kann dort auch in nächtlichen Träumen oder Tagträumen hingetragen und unterrichtet werden. Der Kontakt mit diesen heiligen Stätten öffnet das Bewusstsein und bereitet uns auf größere Kreise der Kraft vor.

In der Huna-Tradition finden auch Reisen nach Bali Hai statt, einem heiligen Ort, den man mit einem Boot erreichen kann, und an dem man von Meisterschamanen unterrichtet wird.

Eine wunderbare Meisterschamanin half mir damals z. B., das Symbol zu finden und zu aktivieren, das zu mir gehört. Ich lernte, wie ich mit bestimmten Gegenständen Heilfrequenzen freisetzen und Lichttunnel in andere Ebenen errichten und dadurch Seelen, die noch nicht gehen können, mithilfe der Engel heimführen kann.

Sie gaben mir auch ein schamanisches Werkzeug, mit dem ich zuerst nichts anzufangen wusste: ein Säckchen Bohnen. Dieses Geschenk offenbarte seine Kraft erst auf weiteren schamanischen Reisen und in der Traumwelt. So war ich z. B. einmal in einer brenzligen Situation, aus der es so gut wie kein Entrinnen gab. Da fiel eine Bohne aus meinem Säckchen, ein Blatt wickelte mich ein und trug mich augenblicklich in eine höhere Ebene. Die Situation war aufgelöst. Ein anderes Mal wurde ich angegriffen, da bildete die Bohnenranke sofort Schlingen, die sich um den Angreifer wickelten, bis ich sicher war. Dann ließ die Pflanze ihn wieder los. Ein sehr friedlicher Weg, der mit mir im Einklang war. Ein weiteres Mal sollte ich einen Seelenteil lösen, der tief in einem Loch steckte. Meine Bohne rankte sich in das Loch, wickelte sich sanft um den Seelenteil und zog ihn nach oben, während die Blätter grünes Licht in die Wunden gaben, sodass diese schnell heilen konnten. So war der Seelenteil frei und glücklich, wieder mit zurückzukommen. Dann lernte ich in meiner alltäglichen Wirklichkeit einen Menschen kennen, der mir ein Bohnenorakel beibrachte. Manchmal dauert es eben etwas, bis die Geschenke, die wir bekommen, ihre Kraft entfalten und sich uns offenbaren.

Übungsbeispiel – Reise zur Insel der Ahnen:

Schaffe dir einen Raum, in dem du dich wohlfühlst, schließe deine Augen, und nimm ein paar tiefe Atemzüge. Begib dich, so, wie du es gelernt hast, an deinen inneren Ort.

Öffne deine Sinne, und betritt dein Zentrum, richte dich aus.

Bitte deine Spirits zu erscheinen.

Aus deiner Mitte öffnet sich ein Pfad zum Meer. Du folgst diesem Pfad mit deinen Sprits, hörst in der Ferne die Wellen rauschen und kommst immer näher und näher.

Dort wartet schon ein Boot (Kanu) mit einer Person, die dieses Boot steuert. Du nimmst mit deinen Spirits Platz und wirst zu dem Ort der Ahnen gefahren. Du spürst die Wellen des Meeres, vielleicht zeigen sich auch Tiere des Ozeans und begleiten dich ein Stück des Weges.

Du hast jetzt Zeit, um auf der Insel einen Ahnen zu treffen, etwas an die Ahnen abzugeben, etwas zu klären oder zu erfahren. Deine Spirits führen und unterstützen dich.

Nachdem du deine Antworten erhalten hast bzw. das erledigen konntest, was du dir vorgenommen hast, bedanke dich. Du steigst zurück in das Boot und wirst durch die Wellen zurück an das Ufer des Festlandes gefahren.

Du steigst aus, bedankst dich nochmals, folgst dem Pfad in dein Zentrum und spürst, wie sich der Pfad hinter dir auflöst.

Wenn du wieder in deiner Mitte bist, kannst du das Geschenk deiner Ahnen, wenn du eins erhalten hast, verankern und die Veränderung beobachten.

Atme dich von innen nach außen zurück, und sei wieder ganz da.

Notiere deine Erfahrungen in deinem schamanischen Tagebuch.

Innen und Außen verbinden

Sabrina erzält:

Immer wieder höre ich von Menschen, die in ihren Seelengarten reisen, den erstaunten Ausruf: »Diesen Ort kenne ich!« Ich empfehle ihnen dann, diesen Ort in der alltäglichen Welt zu besuchen. Dies sollte möglichst erwartungsfrei, jedoch mit offenen Sinnen geschehen. Wenn es einzurichten ist, sollte genügend Zeit vorhanden sein, um an dem Ort 3 bis 4 Tage zu verbringen.

Ganz gleich, ob dies nun ein bekannter Ort aus der Vergangenheit ist oder ein Ort, den ich von Bildern, aus Büchern oder Filmen her kenne – wenn dieser Ort dich tief in deinem Herzen ruft, sich in deinem Seelengarten zeigt, dann solltest du beginnen, eine entsprechende Reise in deiner Alltagswelt zu planen.

Meine persönliche Erfahrung hat mir gezeigt, dass sich jede Reise, die ich auf diese Weise begonnen habe, wundersam gefügt hat. Es gab immer freie Plätze in Zügen oder Flugzeugen, ich war stets gut behütet und meine Ausgaben überstiegen nie das, was ich mir leisten konnte ...

Es ist immer für dich gesorgt, wenn du den Weg deiner Seele gehst!

Verbindung mit einem Seelenbild

Die Übung mit dem Ei:

Für diese Übung brauchst du ein frisches Hühnerei – je frischer, desto besser. Wichtig ist dabei, dass dieses Ei möglichst ungewaschen und ungekühlt ist. In guten Bioläden bekommst du solche Eier – du findest sie im Regal abseits von den Kühlreihen.
Vielleicht hast du aber auch einen Bauernhof in der Nähe, auf dem Hühner leben. Das wäre die beste Wahl. Auf manchen Bauernhöfen kannst du dir die Eier selbst aus dem Nest nehmen.
Wenn du diese Übung länger als einen Tag machen möchtest (ich mache sie in meinen Lerngruppen über 3 Tage), nimm dir mindestens 5 Eier mit. Alle Eier, die übrig bleiben, kannst du ganz normal essen.

Zusätzlich brauchst du einen Zeichenblock und Buntstifte, Wasserfarben oder andere Farben deiner Wahl. Male als Erstes ein Bild deiner Seele. Dabei kommt es nicht auf den künstlerischen Wert dieses Bildes an, sondern vielmehr auf einen wahrhaftigen Ausdruck deiner Seele.
Betrachte das fertige Bild, falte es zusammen und verstaue es so, dass du es bis zum Ende dieser Übung nicht mehr siehst.

Bei dieser Übung wird das Ei als Fetisch verwendet, als Stellvertreter für deine Seele.

Ein ungewaschenes, ungekühltes frisches Hühnerei ist pures Leben und Zellinformation. Eine große Zelle, die so gut wie identisch mit menschlichen Zellen ist.

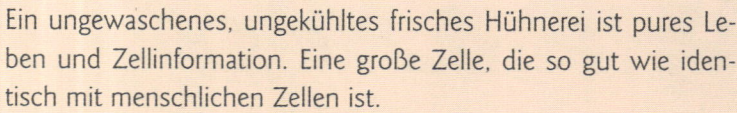

Im Ei ist Urinformation abgespeichert. Es kann alte Energie aufnehmen, wie auch frische, gesunde Zellinformation abgeben.

Deine Aufgabe ist es nun, dieses Ei zu hüten, es zu tragen. Das Ei verkörpert deine Seele. Du trägst nun deine Seele auf Händen.

Wie ist das für dich?

Wie fühlt sich das Ei an?

Ist es weich, zerbrechlich, seidig oder rau, fest, stabil?

Das Tragen dieses Eies, das Aufpassen darauf, das Kümmern darum bringt dich in eine tiefe Verbindung mit dir selbst. Beobachte, wie du in verschiedenen Situationen reagierst, wie andere Menschen auf dich reagieren. Achtsamkeit auf dich – symbolisch im Ei verkörpert – ist ganz wichtig, damit du, damit das Ei heil bleibt. Achte darauf, dass niemand dein Ei berührt, da es deine Seelenenergie trägt. Deine Aufmerksamkeit richtet sich auf deine wahre Seelenkraft.
Du wirst recht bald bemerken, dass dein Ei sich verändert. Es kann Punkte bekommen, Dellen, Buckel, Verfärbungen usw.
Wenn du das Gefühl hast, dass dein Ei »voll« ist oder es schwer wird, ist es Zeit, es zu verabschieden. Danach kannst du dir ein neues Ei nehmen.
Mit deinem Ei kannst du unter anderem schmerzende Körperstellen massieren. Probiere es aus, und beobachte, was passiert. Notiere dir deine Erfahrungen in deinem schamanischen Tagebuch.

Verabschieden des Eies:

Du kannst dieses Ei wie beim Seminar für 3 Tage mit dir herumtragen oder es länger bei dir behalten. Die Höchstdauer ist jedoch 21 Tage, dann ist das Ei »voll« und sollte aufgelöst werden.

Wenn ein Ei kaputt geht, nimm es mit einem roten Baumwolltuch auf und vergrabe es. Achte darauf, dass niemand außer dir dein kaputtes Ei berührt. Um die »Ei-Energie« aufzulösen, eignet sich die Erde sehr gut – du beerdigst dein Ei. Eine weitere Möglichkeit ist, das Ei einem Fluss zu übergeben. Es sollte aber wirklich ein größeres fließendes Gewässer sein, kein Rinnsal oder Kanal.

Wandlung des Seelenbildes:

Nachdem du nun dein Ei verabschiedet hast, nimm wieder deine Malsachen zur Hand. Male noch einmal ein Bild deiner Seele. Wenn du nun dieses 2. Bild fertig hast, holst du das 1. Bild, das du gemalt hast, wieder hervor. Lege beide Bilder nebeneinander, und betrachte sie eingehend.

Was hat sich verändert?

Welche Farben sind verschwunden, welche sind neu dazugekommen?

Welche Ausstrahlung hat das neue Bild für dich?

Nun verbrenne das 1. Bild, verabschiede dich von dieser alten Energie, und richte deine Aufmerksamkeit auf das neue Bild deiner Seele. Trage dieses neue Bild bei dir, oder hänge es an einem Ort auf, an dem du es oft siehst. So kann sich die neue Seelenkraft nach und nach in dir entfalten.

Verwendung eines Fetischs bei diesen Übungen:

In diesen Übungen dienen das von dir gemalte Seelenbild sowie das Ei als Fetisch. Fetische werden in vielen Kulturen verwendet, das bekannteste und vielleicht auch gruseligste Beispiel sind die

bekannten Voodoo-Puppen. Ein Fetisch im mystischen Sinne ist etwas, was ich erschaffe/erwähle, um einen bestimmten Zustand zu verändern oder ihn zu erreichen.

Es ist wichtig, dass ein Fetisch wieder aufgelöst wird, damit sich die Energie wieder selbstständig und frei weiterentwickeln kann. Ebenso sollte die Absicht, die ich damit hege, wohlwollend sein. Ich persönlich arbeite ausschließlich mit Fetischen für mich selbst. Alles andere ist meiner Ansicht nach schwarzmagisch und somit nicht heilsam.

In unserem Fall dient das 1. Seelenbild dazu, dass wir uns anschauen, wo wir gerade stehen, wie sich unsere Seele in Farben, Formen und Materialien in diesem Moment ausdrückt.

Dann gehen wir bewusst in unser Thema hinein, z. B. so, wie es oben beschrieben wird. Das 2. Seelenbild ist das Ergebnis der Veränderung, die in uns stattfindet, es trägt eine neue Information. Es ist das Ergebnis unserer geistigen Arbeit, unserer Auseinandersetzung mit uns selbst.

Sich beide Seelenbilder nochmals anzuschauen, um die Veränderung nachzuvollziehen, kann nützlich sein, muss aber nicht zwangsläufig gemacht werden. Das 1. Bild wird verbrannt, damit die Information dieses Fetisches gelöscht wird. Das neue Bild wird für einige Zeit getragen, damit es sich manifestieren kann. Das Auflösen dieses neuen Fetisches nach max. 21 Tagen setzt die Energie der Veränderung frei und lässt diese fließen.

Das Ei erhöht meine Aufmerksamkeit, es »funktioniert« wie eine Ladestation, die Energie aufnimmt und »verändert« wieder abgibt. Es ist ein Begleiter auf Zeit, der mich wortwörtlich über etwas brüten lässt.

Wirken mit dem inneren Ort

Um mehr mit deinem inneren Ort in Kontakt treten zu können, gibt es hier noch ein paar Anregungen.

*Dinge, die im Innen entdeckt werden,
können ins Außen gebracht werden.
Dinge, die im Außen geschehen,
können im Innen betrachtet werden.*

Tagebuch:
Aufzeichnungen helfen, Dinge zu reflektieren und sich das Erlebte noch bewusster zu machen. Die Bedeutung mancher Bilder und Symbole wird oft erst sehr viel später klar – da ist man froh, wenn man ein Büchlein hat, in dem man noch einmal die Erfahrungen der Reise nachlesen kann.

Die Landkarte:
Male dir eine Landkarte deines inneren Ortes mit deinem Zentrum und den verschiedenen Bereichen, die du entdeckt hast. Beim Malen wird einem einiges bewusster und klarer.

Die »Schatulle« deines inneren Gartens:
Du kannst deinen inneren Garten auch in einem Karton nachbauen. Wann immer du mit deinem inneren Ort in Kontakt treten möchtest, öffnest du die »Schatulle« und veränderst in ihr das, was du auf deinen Reisen erlebt hast.

Gegenstände und Symbole:

Oft bekommen wir Gegenstände oder Symbole überreicht. Diese sollten wir unbedingt aufmalen oder uns genau notieren, wie sie aussehen. Sie werden uns manchmal auch in unserer Alltagswelt geschenkt, kommen auf andere Weise in unser Leben, oder wir entdecken sie irgendwo scheinbar zufällig wieder. In Symbolen verstecken sich oft ganze Welten.

Wir können auch eine Reise in das Symbol unternehmen, um es vollständig zu entschlüsseln und in die Welt hinter dem Symbol einzutreten.

Hier ein Praxisbeispiel:

Schaffe dir einen Raum, in dem du dich wohlfühlst, schließe deine Augen, und nimm ein paar tiefe Atemzüge. Begib dich, so, wie du es gelernt hast, an deinen inneren Ort.

Öffne deine Sinne, und betritt dein Zentrum, richte dich aus, und bitte einen Spirit zu erscheinen. Begrüße deinen Spirit.

Aus deiner Mitte öffnet sich ein Pfad zum Ort der Vorbereitung.

Der Pfad führt nun weiter zu dem Tor des Symbols. Du tauchst durch das Symbol hindurch in die Räume dahinter. Lasse dich führen, staune, erfahre, und beobachte.

Kehre wieder zurück. Wenn du wieder ganz in deiner Mitte bist, atmest du dich aus der inneren in die äußere Welt zurück.

Teil 3

Erfahrungsberichte aus dem inneren Garten

Erfahrungsbericht 1 – Der innere Garten:

Als ich noch klein war, hing ein Bild von den Osterinseln Rapa Nui über meinem Bett. Ich hatte schon immer einen inneren Bezug zum Pazifikraum dieser Erde.

Als ich meine erste Reise zu meinem inneren Ort machte, landete ich auf einer Insel. Ich musste lange durch das Meer schwimmen, bis ich an diesen Ort gelangte. Diese Insel war ein wahres Paradies. Ich malte und schrieb die ersten Erfahrungen auf. Ich wanderte durch Lava-Landschaften, erfuhr Einweihungen und sah, wie meine Insel sich immer weiter aufbaute. Ich entdeckte weitere Inseln und heilige Räume in der Tiefe des Meeres.

Später ließ ich eine Astrokartografie machen, bei der das Geburtshoroskop auf die Weltkarte übertragen wird. Meine Venuslinie lief durch den gesamten Pazifikraum, von Australien, über Neuseeland, die Osterinseln, Hawaii, bis nach Alaska. All diese Orte liebte ich schon immer.

Dann kam ich das erste Mal nach Hawaii, und es war mir, als ob ich durch jedes meiner eigenen Bilder lief. Obwohl ich bisher in diesem Leben noch nie dort gewesen war, kannte ich jeden Stein und wusste, was hinter der nächsten Ecke auftauchen würde. Ich wusste, dass ich meinen inneren Ort im Außen gefunden hatte, und meine Seele floss über vor Freude. In diesem Spirit bin ich zu Hause. Ich bin angekommen, innerlich wie äußerlich.

Erfahrungsbericht 2 – Vorbereitung auf kommende Dinge im inneren Garten:

Einmal betrat ich meinen inneren Garten und erblickte in der Nähe meines Zentrums ein hochherrschaftliches Haus. Ich wusste, dass es nicht mein Haus war, doch es blieb, wo es war.

Wenn man hineinkam, betrat man eine Marmorwendeltreppe, die nach oben in ein pyramidenförmiges Zimmer führte. Dort waren verschiedene Meister versammelt. Saint Germain, Sananda, Maria Magdalena und weitere. Sie weihten mich jedes Mal, wenn ich in dieses Zimmer kam, in vollkommene geometrische Figuren ein. Dies geschah über einen langen Zeitraum. Ich schrieb mir diese Sequenzen auf, da ich sehr verwundert über dieses Haus war, das einfach plötzlich aufgetaucht war und nicht verschwinden wollte. Etwa einen Monat später erhielt ich einen Anruf. Ich wurde mit einer wundervollen Frau bekannt gemacht. Ich vereinbarte mit ihr einen Termin und besuchte sie. Ich kam in ein sehr helles Haus. Wir gingen eine Wendeltreppe aus Marmor nach oben, und ich befand mich in einem pyramidenförmigen Dachzimmer, dessen Energie sogar noch durch kleine Kupferpyramiden verstärkt wurde. Ich war sprachlos, fand ich mich doch plötzlich mitten in meinen Unterweisungsträumen wieder. Dieser Raum war mir nicht fremd, ich hatte das Gefühl, in den letzten Monaten dort ein- und ausgegangen zu sein. Auf einem Tischchen lagen die 5 platonischen Körper, und mir gegenüber saß eine würdevolle Frau, die ihren Weg in ein erwachtes Bewusstsein bereits beschritten hatte. Für mich gab es keinen Zweifel, dass ich hier richtig war und dass hier die nächste wundervolle Aufgabe auf mich wartete.

Erfahrungsbericht 3 – Das innere Zentrum:

Zuerst machten wir eine geführte Meditation in das innere Zentrum. Dann sollte jeder von uns für sich – ohne Anleitung – an den inneren Ort gehen und sein Zentrum betrachten. Da ich wenig Er-

fahrung hatte, umhüllte mich zuerst einmal Dunkelheit. Ich fühlte, spürte und sah nichts. Doch blieb ich einfach wach und aufmerksam und versuchte, mich zu entspannen. Es dauerte lange. Die schamanische Reise war schon fast vorbei, da sah ich plötzlich mein Zentrum, und es war ganz anders als in der geführten Meditation. Es wirkte wie ein alter verlassener und verfallener Kraftplatz. Steine waren umgestürzt, alles schien eine einzige Ruine zu sein, und es war mir sehr unheimlich, diesen Ort zu sehen. Als ich das Zentrum betrat, spürte ich nichts als Einsamkeit, Traurigkeit, Verlassenheit und Zerstörung in mir. Kein Energiestrom, keine Verbindung an das Universum, keine Größe. Klein und verlassen stand ich in diesem alten, zerstörten Kraftzentrum, mutlos und nicht wissend, was und wo ich hier anfangen sollte. Es war einfach schrecklich.

Ich war froh, als die Reise vorbei war und ich zurückkommen konnte. Ich war so schockiert, dass ich nichts davon mitteilen konnte. Doch war es auch irgendwie gut, wieder mit sich in Kontakt zu sein. Es fühlte sich ehrlich an.

Als ich dann mein Krafttier traf, machte ich mich mit ihm in der nächsten Reise wieder zu diesem Ort auf. Ich erlaubte mir selbst, alles zu fühlen und zu spüren. Bilder liefen vor mir ab, Erinnerungen kamen hoch, und ich konnte sie mit jeder Reise mehr abschütteln, kam nach und nach wieder zu mir und in meine Kraft zurück. Ich hatte das Gefühl, mein Zentrum vor langer Zeit verloren zu haben und in diesem Leben nun das erste Mal wieder zu betreten. So reiste ich ein paar Mal an diesen Ort, bis ich ihn wieder für mich einnehmen konnte. Meine Spirits halfen mir fleißig, diesen Ort wieder zu aktivieren, neu zu gestalten und ihn aus der alten Zeit in die neue Zeit hinüberzunehmen.

Ich spüre, dass ich seit diesen Reisen viel besser zu mir selbst stehe, dass altes Wissen zurückgekehrt ist, ich zufrieden bin und immer mehr in meine Kraft komme. Mit meiner wiedererlangten

Mitte spüre ich auch mein stabiles Umfeld, in dem ich jetzt viel besser klarkomme und präsenter bin. Ich spüre, wie sich meine Gefühle wandeln und befreien, wie ich viel mehr in mir ruhe, mein Leben annehmen und immer mehr genießen kann.
Ich bin froh und dankbar, meine Mitte wiedergefunden zu haben.

Sabrina erzählt:

Dies sind nun viele Beispiele von Reisen in den inneren Welten bzw. in der Anderswelt. Ich habe für mich persönlich aber auch die Erfahrung gemacht, dass Reisen in unserer alltäglichen Welt ebenso wertvoll für mein Seelenheil sein können. Die meisten Reisen, die ich in meinem Leben gemacht habe, waren solche Seelenreisen. Du wirst bei meiner Erzählung bemerken, dass sich gleich mehrere Bereiche, die wir schon beschrieben haben, hier überschneiden. Träume, schamanische Reisen, Geschenke in beiden Welten und auch das Verbinden der Plätze in der alltäglichen Welt mit den Orten der nichtalltäglichen Welt.

An einem Beispiel möchte ich dir diese Gedanken verdeutlichen: Über eine längere Zeit hinweg – beinahe 10 Jahre lang – hatte ich immer wieder denselben Traum. Ich lief durch einen Dschungel mit unglaublich schönen Pflanzen in allen Farben. Ein gewundener, leuchtender Weg führte mich auf eine Lichtung, auf der eine siebenstufige Pyramide mit einer großen Plattform als oberste Ebene stand. Es war nie jemand dort, wenn ich an diesen Platz kam. Immer wenn ich in diesem Traum die Pyramide erreichte, wachte ich schweißgebadet auf. Die Eindrücke, die ich im Traum sammelte, ergaben für mich das Bild des Amazonasgebietes in Südamerika. Südamerika war noch nie eine Region, die mich in der alltäglichen Welt angesprochen hatte. Ich mag es von den Temperaturen her eher gemäßigt und liebe die vier Jahreszeiten, wie wir sie bei uns haben.

Dazu kam auch noch, dass ich immer wieder Begegnungen mit südamerikanischen Menschen hatte, die eher ungut waren. Einmal wurde ich um viel Geld erleichtert, ein anderes Mal hat mich ein Ritual einer solchen Gruppe zutiefst erschüttert – ich bekam regelrecht Panik.
Wollte ich diese Situation schamanisch bereisen, kamen keine klaren Antworten, jede Reise endete wie in meinem Traum auf der Lichtung mit der Pyramide.
Gleichzeitig zog es mich immer mehr und mehr in die andere Richtung – ich wollte eine Reise in den Orient, nach Samarkand, Tuva oder die Mongolei machen. Aber nichts ergab sich. Alle Türen für eine Reise in diese Gegenden blieben verschlossen.

Ich besuchte ein Seminar, bei dem wir eine Reise zu den Ahnen machen sollten. Ich ging auf die Reise und dachte mir: »Was soll das jetzt?«
Ich war augenblicklich auf dem Weg, der zu der Lichtung mit der Pyramide führte. Etwas war aber anders. Als ich auf die Lichtung kam, wurde dort gerade ein Ritual vollzogen. Ich konnte mich selbst als eine Priesterin auf der obersten Ebene der Pyramide stehen sehen. Allerdings war ich eine Mischung aus Vogel, Schlange und Mensch. Es war klar, dass ich dort hinauf sollte und auch kein Weg daran vorbeiführte. Oben angekommen, stand ich mir selbst gegenüber, und im nächsten Moment verschmolz ich mit meinem Abbild in der Anderswelt.
In diesem Moment öffnete sich die Plattform der Pyramide, und ich sank hinab. Ich erkannte, dass die Pyramide sich in der Erde spiegelte. In einem hellen Lichtstrahl schwebte ich tiefer und tiefer hinab. Als ich am Boden ankam, öffnete sich eine Lichtspirale nach oben und ich hörte eine Stimme, die sagte: »Die Mondvogelfrauen fliegen wieder.«

Ich erkannte, dass ich mit noch 12 anderen Frauen in dieser Lichtspirale hochstieg, allesamt wunderschöne Vogelfrauen. Als wir aus der Pyramide hinausflogen, nahm jede von uns eine andere Richtung für ihren weiteren Flug. Mit jedem Flügelschlag streuten wir Lichtperlen, und dort, wo diese den Boden berührten, spross neues Leben aus der Erde.

Nun war mir klar, dass ich nach Südamerika reisen sollte – ob ich wollte oder nicht. Peru stellte sich als Ziel heraus. Meiner Intuition folgend ergatterte ich einen Flug zu einem Preis weit unter dem, was für Reisen nach Südamerika üblich war.
Über eine sehr liebe Bekannte ergab sich in Peru ein Kontakt zu einem Archäologen und Schamanen, der dort in Urubamba lebt. Dieser Mann organisierte meine weitere Reise. 4 ganze Wochen sollte ich in diesem Land unterwegs sein.

Die letzte Woche meiner Reise verbrachte ich auf einer Insel im Titicacasee. Bereits bei der Vorbereitung hatte ich auf einer schamanischen Reise erfragt, auf was ich achten und welche Geschenke ich mitnehmen sollte. Für den See war mir ein Kristall gezeigt worden, den ich schon hatte.
Am See angekommen, übergab ich diesen Kristall nun dem Wasser. In derselben Nacht wurde ich im Traum von Wesen, die ich nur als wilde Kerle beschreiben kann, abgeholt. Sie brachten mich zu dieser Pyramide, von der ich schon so oft geträumt hatte. Oben auf der Pyramide stand ein wunderschöner Mann, ein Würdenträger, ein Priester o. Ä. Ich wurde aufgefordert, zu diesem Mann zu gehen. Als ich vor ihm stand, öffnete er seine Hand und darin lag mein Kristall, den ich gerade erst dem See übergeben hatte.

Mit den Worten »Ich gebe dir jetzt die Kraft zurück, die dir vor Urzeiten von den Meinen genommen wurde, und bitte dich um

Verzeihung!«, setzte er den Kristall in mein Herz. In diesem Moment geschah es, dass ich in Licht »explodierte« und in meinem Bett wach wurde. An der Stelle, an der mir der Mann den Kristall eingesetzt hatte, war ein roter Fleck auf meiner Brust, und eine unglaubliche Wärme strahlte von dieser Stelle aus.

Das ist ein Beispiel dafür, wie wichtig es manchmal sein kann, einen bestimmten Ort in dieser alltäglichen Welt aufzusuchen, damit Heilung geschehen kann. Dieser Kristall in meiner Brust ist heute noch aktiv, und ich habe gelernt, mit dieser Kraft wieder zu arbeiten.

Anhang

Kurzanleitung

Die Grundeinleitung für den inneren Garten:
Zuerst nimmst du Kontakt mit deinem inneren Ort auf. Nimm ihn mit so vielen Sinneseindrücken wie möglich wahr. Bei jedem von uns sind die Wahrnehmungskanäle unterschiedlich stark ausgeprägt. Wähle die Kanäle, die bei dir stark ausgeprägt sind.

Lasse dich aus deinem denkenden Verstand in den Raum deines Herzens sinken. Dort gibt es einen Eingang, eine Schwelle, einen Tunnel, ein Tor, einen Weg, der dich noch tiefer in deinen inneren Raum hineinträgt.

- Betrachte deine innere Mitte. Wie sieht dein innerer Mittelpunkt aus?
- Die Mitte ist ein zentraler Platz am inneren Ort. Wie fühlt sich deine Mitte an? Leblos, kraftvoll, sprudelnd, verwildert?
- Betrachte die Elemente an deinem inneren Ort. Wie erscheinen Feuer, Wasser, Erde und Luft an deinem inneren Ort? Welche Elemente überwiegen, welche Elemente sind kaum vorhanden?
- Wo dürfte ein Gleichgewicht hergestellt werden?
- Welche Gebiete findest du und wie zeigen diese sich dir?
- Wie ist die Verbindung zu dir selbst? Wie ist die Verbindung zu deiner Umwelt? Wie ist die Verbindung zu deinen Mitmenschen? Wie ist deine Verbindung zu Gott?
- Betrachte die Wege deines inneren Ortes.

Pico-Pico-Atmung:
Mache es dir jetzt ganz bequem. Konzentriere dich auf deine Atmung, und nimm ein paar tiefe Atemzüge. Dann atme durch das Kronenzentrum ein und durch den Bauchnabel aus. Mache das insgesamt 3 x.

Herzensraum:
Allmählich sinkst du aus deinem denkenden Verstand über den Hals in den Raum deines Herzens hinein. Du atmest in deinen Herzensraum hinein und erlaubst, dass er weiter, heller und größer wird. Du nimmst einen Eingang wahr. Es kann eine Höhle, ein Tunnel, ein Tor, ein Gang oder ein anderer Zugang sein. Du gehst durch den Eingang hindurch. Vor dir öffnet sich jetzt ein Pfad, der dich an einen Ort führt, an dem du vollkommen sicher und geborgen bist. Während du diesen Pfad entlangläufst, öffnest du deine inneren Sinne.

Wahrnehmungskanäle öffnen:
Riechen: Du nimmst erst einmal einen tiefen Atemzug. Welcher Geruch umweht deine Nase? Wie riecht es dort? Salzig, nach Blüten, frisch?

Hören: Und während du weitergehst, sperrst du deine Ohren auf. Lausche aufmerksam. Welche Geräusche nimmst du an deinem inneren Ort wahr? Wind, Vogelgezwitscher, Wasser, andere Töne?

Schmecken: Nun schmeckst du. Welcher Geschmack kommt dir in den Sinn? Fruchtig, salzig, bitter, süß, sauer?

Fühlen: Du öffnest dich jetzt für dein Fühlen. Du fühlst den Boden unter deinen Füßen. Wie fühlt er sich an? Ist der Weg breit oder schmal? Weich oder steinig? Wie ist die Luft dort? Ist es kühl oder warm? Berühre ein paar Dinge am Wegesrand. Wie fühlen sie sich an? Weich, hart, kühl, sanft, stachelig, beweglich?

- Wie ist das Licht an diesem Ort? Ist es hell oder dunkel?
- Wie sind die Temperatur und das Wetter? Warm, feucht, neblig, hell?
- Kannst du gut atmen an diesem Ort?
- Wie fühlst du dich? Frei, stabil, geborgen, kraftvoll?

Energiebewegungen: Nimm nun eine Energiebewegung wahr. Das Muster von Wind, Wasser, Feuer oder vielleicht Wellen.

Sehen: Nun öffne deine inneren Augen, und versuche, etwas zu sehen. Was springt dir besonders ins Auge? Versuche, so viele Informationen über die inneren Sinne zu sammeln, wie es dir möglich ist.

Entdecken des inneren Raumes:

Wandele in deinem inneren Garten umher und beginne, ihn zu entdecken. Welche Pflanzen und Bäume wachsen in deinem Garten? Welche Landschaften offenbaren sich dir? Welche Tiere begegnen dir? Ist dein Garten verwildert oder kunstvoll angelegt und gepflegt? Strahlt er Kraft und Energie aus? Gibt es Ecken, die gereinigt oder verändert werden könnten? Haben die Pflanzen einen guten Boden? Wohin führen die Wege in deinem inneren Garten? Genieße es, diesen inneren Raum immer mehr zu entdecken.

Inneres Zentrum:

Eine starke Energiebewegung zieht dich sanft und kraftvoll immer mehr in deine innere Mitte, in dein inneres Zentrum. Dies ist ein ganz besonderer Mittelpunkt an deinem inneren Ort. Dieser kann gekrönt sein von einer Quelle, einem starken Baum, einem besonderen Stein oder Kristall, einem Tempel oder von etwas ganz anderem, mit dem du in Resonanz gehst.

- Nimm dein inneres Zentrum genau wahr. Wie sind die Elemente Feuer, Wasser, Erde, Luft vertreten? Wie bewegt

sich die Energie an dem Ort? Welche Ausstrahlung und Qualität besitzt dein inneres Zentrum? Du bemerkst, wie du beginnst, dich in deinem inneren Zentrum zu verbinden und auszudehnen. Du fühlst den Boden unter deinen Füßen und deinen Stand. (Nebenbei bemerkt: Wohlstand kommt sprachlich von gutem Stehen.)

- Mit dem nächsten Atemzug dehnst du dich nach vorne aus.
- Mit dem nächsten Atemzug dehnst du dich nach hinten aus.
- Mit dem nächsten Atemzug dehnst du dich nach links und nach rechts aus.
- Mit dem nächsten Atemzug dehnst du dich nach oben aus und verbindest dich mit deinem höheren Wesen.

Aufladen mit Licht:
Strahlendes Licht fließt jetzt aus den höheren Dimensionen in dein Sein und lädt dich vollkommen auf. Bitte deine Spirits zu dir. Hilfreiche Wesen beginnen, sich dir zu zeigen. Das kann ein Krafttier, ein Engel, ein Meister, ein Heiler, ein Naturwesen oder auch eine ganze Gruppe sein. Begrüße sie, und lerne sie kennen. Sie unterstützen und begleiten dich auf der inneren Ebene. Diese Wesen informieren dich über die Vorgänge an deinem inneren Ort und helfen dir, ihn neu auszurichten oder anders anzulegen. Du kannst nun ein Gebiet wählen, das du genauer betrachten möchtest.

Ein Thema betrachten und verändern:
In deinem Garten gibt es eine Wiederspiegelung aller Themen des Lebens. Selbstliebe, Energie und Lebenskraft, Ort der Begegnung, Freundschaft, Partnerschaft, Kinder, Familie, Ahnen, Erfolg, Beruf, Gesundheit und Heilung, Wohlstand und Reichtum, Elemente, Feuer, Wasser, Luft, Erde – all das zeigt sich in deinem Seelengarten. Du wählst *jetzt* ein Thema, das dich beschäftigt und das du dir mithilfe deiner Spirits anschauen und neu ausrichten möchtest. Es öffnet sich ein Pfad zu diesem Gebiet. Du und deine Spirits folgen

dem Pfad zu dem gewählten Gebiet. Schaue dir nun dieses Gebiet mithilfe deiner Spirits an, schaue dich um, lasse es auf dich wirken. Beginne jetzt, dieses Gebiet mithilfe deiner Spirits zu verändern, sodass es sich für dich positiv und kraftvoll anfühlt.

Abschluss – Brücke zur Außenwelt wiederherstellen:

Noch einmal schaust du dich um. Frage deine Spirits, ob es noch etwas zu beachten und zu tun gibt. Vielleicht geben sie dir eine Aufgabe in der Außenwelt, eine Übung, ein Symbol. Bedanke dich für alles, was du erfahren konntest. Mit einem starken positiven Gefühl segnest du deinen inneren Ort, bedankst dich und kehrst an den Eingang zurück. Du nimmst einen tiefen Atemzug, reckst und streckst dich und kommst wieder ganz in die Gegenwart. Lasse die Eindrücke noch etwas nachwirken. Lerne dich selbst und deine Spiegel im Inneren kennen. Es gibt viele Bereiche im inneren Garten, die man ausrichten und entdecken kann. Einen Ort der Begegnung, einen Ort der Vision, einen Ort des Feierns, einen Ort der Freude, einen Ort der Wandlung und viele mehr.

Über die Autorinnen

Sabrina Dengel

Schon immer spürte ich eine tiefe Verbundenheit zur Natur und deren Wesen. Vertrauensvoll lasse ich mich dabei von den Geistigen Welten führen. Viele Lehrer aus verschiedenen Kulturkreisen haben mich auf meinem Weg begleitet und tun es immer noch. Ich möchte hier auf eine chronologische Auflistung meiner Erfahrungen verzichten, da diese keinerlei Aussage über meine heutige Arbeit zulassen.

Ich bin in ständiger Veränderung, im Fluss des Lebens, so verändert sich auch vieles, was ich tue, und ich lerne, immer mehr zu verstehen, was ich bin.

Dennoch möchte ich hier einigen Menschen von Herzen danken. Buckshoot Knight/Lakota South Dakota, Ben Old Feather Cloud/Crow Montana, Jeanne Ruland, Antara Reimann, Georg O. Gschwandler, der alamannischen Brauchtumsgemeinschaft, meiner Tante Esther und allen anderen Menschen, die mir in meinem Leben begegnen.

Ein großer Dank auch meiner Familie – ihr seid meine täglichen Lehrer.

www.trafo.or.at

Jeanne Ruland

Jeanne Ruland ist Mutter von 3 Kindern und die Frau von Murat Karaçay, mit dem sie an vielen Projekten gemeinsam gearbeitet hat. Sie ist Buchautorin mit langjähriger schamanischer und metaphysischer Ausbildung, Huna-Lehrerin und anerkannte Heilerin im Dachverband »Geistiges Heilen«. Mittlerweile kann sie auf einen reichen Erfahrungsschatz im Umgang mit den geistigen Kräften zurückgreifen, die im Kern alle zur Einheit, zu Gott, zur Quelle, zum Selbst führen.

Durch ihre vielen Reisen ist sie mit zahlreichen spirituellen Meistern und Kräften in Verbindung getreten und hat verschiedene Ausbildungen absolviert. Als der Ruf sie erreichte, Bücher zu schreiben, war sie erfüllt mit praktisch erlebtem Wissen, in dem Himmel und Erde miteinander verbunden sind. Im Jahr 2000 begann sie mit ihrer Autoren- und Seminartätigkeit. »Die lichte Kraft der Engel« und »Das große Buch der Engel« waren ihre ersten Werke, die, wie alle ihre Bücher, Kartensets und Kalender, im Schirner Verlag erschienen sind. In ihren Werken sowie in Vorträgen, Seminaren und Workshops teilt Jeanne Ruland ihr Wissen von Herzen gern mit anderen Menschen, um sie zu sich selbst, zu der Kraftquelle im Inneren, zu führen.

www.shantila.de

Bildnachweis

Alle Bilder von Marcel Dengel: © Marcel Dengel
Karte auf S. 27: © Jeanne Ruland
Schmuckelement auf allen Seiten: © Kelly Hironaka #6396751, www.shutterstock.com